高等职业教育“十三五”创新型规划教材

基础会计实训教程

主　编　任芳丽
副主编　秦珊珊

中国财经出版传媒集团
经济科学出版社
Economic Science Press

图书在版编目（CIP）数据

基础会计实训教程/任芳丽主编．—北京：经济科学出版社，2017.8

ISBN 978－7－5141－8379－5

Ⅰ．①基…　Ⅱ．①任…　Ⅲ．①会计学－高等职业教育－教材　Ⅳ．①F230

中国版本图书馆 CIP 数据核字（2017）第 209919 号

责任编辑：于海汛　宋　涛
责任校对：隗立娜
版式设计：齐　杰
责任印制：潘泽新

基础会计实训教程
主　编　任芳丽
副主编　秦珊珊
经济科学出版社出版、发行　新华书店经销
社址：北京市海淀区阜成路甲 28 号　邮编：100142
总编部电话：010－88191217　发行部电话：010－88191522
网址：www. esp. com. cn
电子邮件：esp@ esp. com. cn
天猫网店：经济科学出版社旗舰店
网址：http：//jjkxcbs. tmall. com
北京汉德鼎印刷有限公司印刷
三河市华玉装订厂装订
787×1092　16 开　15.25 印张　380000 字
2017 年 9 月第 1 版　2017 年 9 月第 1 次印刷
印数：0001—3100 册
ISBN 978－7－5141－8379－5　定价：31.00 元
（图书出现印装问题，本社负责调换。电话：010－88191510）

前　　言

会计是一门实践性很强的学科，为了弥补高校课程体系中理论过多、实践过少的不足，有助于学生更好地学习基础会计课程，我们组织编写了与经济科学出版社出版发行的高职高专财经管理类系列通用教材《基础会计》相配套的《基础会计实训教程》，以满足高等院校和社会经济人才培养的需要。《基础会计实训教程》教材根据高职教育一体化的要求，从初学者对于会计的理解与认识的角度进行教材内容的组织与安排。教材内容共两个部分：模块一和模块二，模块一主要是单项实训内容，主要包括原始凭证的识别与填制、记账凭证的选用和填制、账簿的登记；模块二以一个企业一个月的完整业务为例，要求学生根据前面的单项训练获得技能并在老师指导下完成建账、识别和编制凭证、登记账簿、编制报表等企业日常财务工作。

本实训教程由陕西财经职业技术学院任芳丽担任主编，负责大纲的拟订、模块一内容的编写、统稿，并对全书进行了复核和修订；陕西财经职业技术学院秦珊珊担任副主编，负责对本实训教程模块二内容的编写。

本教材在编写过程中得到许多专家、同仁的大力支持和帮助，在此谨向他们表示衷心感谢。

限于编者的水平，教材中不足或错误之处在所难免，恳请广大读者批评指正。

编　者

2017 年 7 月

目　　录

模块一　单项实训部分

模块二　综合实训部分

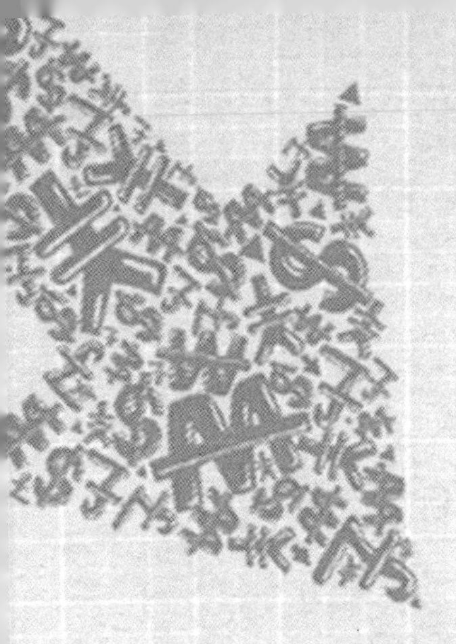

模块一

单项实训部分

【企业概况及财务政策】

一、企业基本情况

方羽有限责任公司是一家生产大功率电机的中小型企业，主要组装生产 315 型变频电机和 316 型变频电机，经国家税务部门认定为增值税一般纳税人。

单位地址：西安市莲湖路 379 号

法人代表：姜德睿

邮政编码：710003

联系电话：029 – 87336264

基本户：中国建设银行西安莲湖路支行

账号：61001970041052222863

纳税登记号：610200388666666

二、企业会计核算方法及管理制度

1. 企业所得税税率为 25%，增值税税率为 17%，城市维护建设税税率为 7%，教育费附加率为 3%，地方教育费附加率为 2%。企业每月根据月末会计利润总额计提当月应缴所得税，不进行纳税调整，次月 15 日前申报缴纳该月所得税及其他税项，年末进行所得税汇算清缴。

2. 原材料发出采用月末一次加权平均法，库存商品发出采用先进先出法。

3. 差旅费相关规定：按实际出差天数每天补助 100 元，当无住宿票据时，只补助出行和归来 2 天。住宿费标准为每天 200 元。市内交通补贴按实际出差天数每天补贴 20 元。长途客车、火车、轮船、飞机等票据实报实销。

4. 会计核算保留两位小数。

实训项目一

原始凭证

任务一　银行提现、转账、现金缴款业务原始凭证填制与识别

【实训目的】

通过该实训任务，掌握提现、银行转账、现金缴款业务所需原始凭证，掌握支票的种类、基本内容，能够识别支票，掌握支票、银行进账单的填制方法及操作流程。

【相关知识】

1. 支票。企业从银行取现以及转账支付需填开支票。支票是由出票人签发的，委托办理支票存款业务的银行在见票时无条件支付确定金额给收款人或持票人的票据。出票人是签发支票的单位和个人，付款人是出票人的开户银行。

支票分为现金支票、转账支票和普通支票。现金支票只能用于支取现金；转账支票只能用于转账；普通支票既可以用于支取现金又可以用于转账，在普通支票左上角划两条平行线的划线支票只能用于转账。

每张支票由存根联和正本联构成，存根联为签发单位做账依据，正本联为银行办理业务的凭据。

支票提示付款期为十天（从签发当日起，日期首尾算一天，到期日遇到节假日可以顺延）已签发现金支票发生遗失，可以向付款银行申请挂失，挂失前已经支付，银行不予受理。

2. 现金缴款单。企业现金缴存银行需填写现金缴款单。现金缴款单由企业财会人员负责填写，其基本联次因金融机构不同而有所差异，多为一式两联或一式三联，应一次套写完成。两联式的第一联为银行记账联，第二联为客户回单；三联式第一联为客户回单，由银行盖章后退回，第二联为收款人开户行贷方凭证，第三联为附联，作附件，是银行出纳留底联。

子任务一　支票的签发

【技能指导】

签发支票必须使用碳素墨水或者墨汁，字体不得潦草，不能使用红色或易褪色的墨水。未按规定填写，被涂改冒领的，由出票人负责。具体要求如下：

1. 支票日期必须是签发当日，不准签发远期支票。出票日期必须大写，使用小写填写的，银行不予受理。月份为 1 月、2 月、10 月的，日为 1 ~ 9 日、10 日、20 日、30 日的，前面加零。例如：2015 年 10 月 9 日应写为“贰零壹伍年零壹拾月零玖日”。

2. 现金支票收款人可以写为本单位名称或其他收款单位名称或个人姓名，收款人可凭现金支票直接到开户行或联网营业点提取现金。转账支票收款人应填写为收款单位名称。收款单位取得转账支票后，在支票背面被背书栏内加盖收款单位银行预留印鉴，连同银行进账单交给收款单位开户银行委托银行收款。

付款行名称、出票人账号：即为出票单位开户行名称及银行账号。

3. 人民币金额分为大写和小写，人民币大写金额要与小写金额一致，人民币小写最高金额的前一位空白格加人民币符号“ ¥ ”。数字填写要求完整、清楚。支票金额不得超出出票人付款时在付款人处实有的存款余额，否则为空头支票，禁止签发空头支票。如果签发了空头支票，中国人民银行处以票面金额 5% 但不低于 1 000 元的罚款；持票人有权要求出票人赔偿支票金额 2% 的赔偿金。

4. 如果公司在开户时设置了支票凭密码支付，应于签发时填写本张支票的密码，不能提前将支票密码加填，不得签发支票密码错误的支票。单位购买密码机的，付款时由会计人员在密码机上输入支票编号等信息后，密码机自动产生密码，会计人员将该密码填写在密码栏。

5. 现金支票的用途有一定的限制，一般填写“备用金”“差旅费”“工资”等。转账支票没有具体的规定，可填写“货款”“工资”等。

6. 支票正面加盖银行预留印鉴，此项内容表示“无条件支付的委托”。银行预留印鉴是企业开立账户时预留银行的印鉴，一般由财务专用章和法人章组成，缺一不可，印泥为红色，印章必须清晰，印章模糊只能将本张支票作废，换一张重新填写重新盖章。

7. 复核、记账这两项为银行内部记账用，出票人无须填写。

8. 支票存根联的填制：附加信息如无特别说明的，一般不填写；出票日期和金额用小写；收款人和用途的填写同正本联；单位主管和会计处要签章。

【任务描述】

方羽有限责任公司 2017 年 3 月 10 日从西安凯德科技有限公司购进一批轴承，数量 10 套，单价 6 300 元，买价 63 000 元，增值税 10 710 元，出纳签发一张面值为 73 710 元的转账支票给收款人据以收取款项。

【任务要求】

以方羽有限责任公司出纳王琳的身份填写一张转账支票。

【任务操作】

中国建设银行
转账支票存根（　）
$\frac{A}{0}\frac{B}{2}$ 10550

附加信息

出票日期　　年　月　日

收款人：
金额：
用途：

单位主管：　　　会计：

本支票付款期限十天

中国建设银行　转账支票（　）　地名 $\frac{A}{0}\frac{B}{0}$ 10550

出票日期（大写）　　付款行名称：
收款人：　　出票人账号：

人民币（大写）		亿	千	百	十	万	千	百	十	元	角	分

用途

上列款项请从
我账户内支付
出票人签单　　复核　　记账

子任务二　现金的提取

【技能指导】

企业日常业务中所需的现金，应由出纳人员根据现金用款计划签发现金支票到银行办理提取现金手续。现金提取业务包括签发现金支票——填写现金支票背面——凭现金支票去开户行提取现金。

1. 现金支票的签发除遵循子任务一中的要求外，应注意收款人的填写与用途填写。如果为本单位提取现金，则收款人填写本单位名称；如果支付给其他个人，收款人则填写个人名称。

现金支票的用途受到《现金管理暂行条例》的限制，所以必须在规定范围内使用，如果为本单位提取现金一般填写“备用金”“工资”，如果支付给其他个人，一般写“差旅费”“劳务费”等。

2. 现金支票背面应由收款人填写，如果收款人是本单位，则在背面“收款人签章”栏加盖银行预留印鉴，再在下面填写经办人（一般为出纳）身份证号码、发证机关，并签上姓名。如果收款人是其他个人，则背面“收款人签章”栏签上收款人姓名，再在下面填写收款人身份证号码、发证机关。

【任务描述】

方羽有限责任公司2017年3月3日从银行提取现金8 000元以备日常开支，出纳王琳签发现金支票并去银行办理取款业务。

【任务要求】

以方羽有限责任公司出纳王琳的身份填写一张现金支票。

【任务操作】

中国建设银行（　）
现金支票存根
A/0 B/2　10324

附加信息

出票日期　　年　月　日

收款人：
金额：
用途：

单位主管：　　会计：

本支票付款期限十天

中国建设银行　现金支票（　）　地名 A/0 B/0　10324

出票日期（大写）　　付款行名称：
收款人：　　出票人账号：

人民币（大写）		亿	千	百	十	万	千	百	十	元	角	分

有限责任公司 财务专用章
姜睿 印德

上列款项请从
我账户内支付
出票人签单　　复核　　记账

子任务三　转账支票付款（进账）业务办理

【技能指导】

转账支票签发后有两种付款（进账）方式：一种是由付款方出纳签发支票给收款单位，并有收款单位出纳人员送至收款人开户银行办理转账结算的支票计算方式，这种方式叫支票的正送；另一种是由付款方出纳人员签发支票并由付款方出纳人员送至付款人开户银行办理转账结算的支票计算方式，这种方式叫支票的倒送。

1. 支票正送方式操作程序：付款方出纳签发支票——收款方出纳在支票背面作委托收款背书，委托本单位开户行收款——收款方出纳填写进账单——收款人开户行通知收款人收款。

（1）支票正送方式下需要由收款方进行进账，收款方出纳收到支票后将支票交给印章保管会计人员，由其审核后在支票背面“背书人签章”栏加盖收款人银行预留印鉴，并由出纳人员在支票背面记载“委托收款”字样，并填写背书日期，在“被背书人”栏记载收款人开户银行名称。

（2）收款方出纳人员还需填制银行进账单，银行进账单一般一式三联，第一联为开户银行交给持票人的回单，简称回单联，第二联为开户银行的记账凭证，第三联为收款人开户行交给收款人的收账通知，简称收账通知联。

（3）收款方出纳人员将银行进账单与记载“委托收款”字样支票一同交予开户行办理委托收款业务。

（4）收款方开户银行收到款项后，加盖“转讫”章退回进账单第三联，收款人以此作为确认收款的凭证。

中国建设银行进账单（收账通知）　　3

年　月　日　　　　　　No. 3612

<table>
<tr><td rowspan="3">付款人</td><td>全　称</td><td></td><td rowspan="3">收款人</td><td>全　称</td><td colspan="10"></td><td rowspan="8">此联是收款人开户行交给收款人的收账通知</td></tr>
<tr><td>账　号</td><td></td><td>账　号</td><td colspan="10"></td></tr>
<tr><td>开户银行</td><td></td><td>开户银行</td><td colspan="10"></td></tr>
<tr><td colspan="5" rowspan="2">人民币
（大写）</td><td>千</td><td>百</td><td>十</td><td>万</td><td>千</td><td>百</td><td>十</td><td>元</td><td>角</td><td>分</td></tr>
<tr><td></td><td></td><td></td><td></td><td></td><td></td><td></td><td></td><td></td><td></td></tr>
<tr><td>票据种类</td><td></td><td colspan="13" rowspan="3">收款人开户行签章</td></tr>
<tr><td>票据张数</td><td></td></tr>
<tr><td colspan="2">复核　　记账</td></tr>
</table>

2. 支票倒送方式操作程序：付款方出纳签发支票——付款方在支票背面背书——付款方出纳填写进账单——收款人开户行通知收款人收款。

（1）支票倒送方式下需要由付款方进行转账，付款方除了签发时在正面加盖银行预留印鉴外，还需在支票背面“背书人签章”栏加盖付款人银行预留印鉴，并填写背书日期。

（2）付款方出纳人员还需填制一式三联的银行进账单，将进账单和支票正本联送本单位开户行提示付款。

（3）银行受理后，加盖印章退回回单联，付款方以转账支票存根与此回单联作为付款凭证。

【任务描述】

方羽有限责任公司2017年3月10日从西安凯德科技有限公司购进一批轴承，数量10套，单价6 300元，买价63 000元，增值税10 710元，出纳签发一张面值为73 710元的转账支票给收款人据以收取款项。2017年3月10日西安凯德科技有限公司收到该支票（见子任务一）。

【任务要求】

要求以西安凯德科技有限公司出纳蔡静的身份进行进账操作，判断该进账方式为正进还是倒进，完成支票背面内容，填写进账单。

西安凯德科技有限公司开户行：中国工商银行西安市未央路支行

账号：2604020909200066666

【任务操作】

附加信息：	被背书人：	（粘贴单处）
	西安凯德科技有限公司 财务专用章　董立德印 背书人签章 年　月　日	

中国建设银行进账单（收账通知）　3

年　月　日　　　　No. 3612

付款人	全　称		收款人	全　称	
	账　号			账　号	
	开户银行			开户银行	

人民币（大写）	千	百	十	万	千	百	十	元	角	分

票据种类		收款人开户行签章
票据张数		
复核　　记账		

此联是收款人开户行交给收款人的收账通知

子任务四　现金缴款业务办理

【任务描述】

方羽有限责任公司出纳王琳2017年3月15日将多余零星收入款12 330元送存银行，其中面值100元的110张，面值50元的21张，面值20元的10张，面值10元的8张。

【任务要求】

要求以方羽有限责任公司出纳王琳的身份填写现金缴款单。

【任务操作】

中国建设银行现金缴款单（回单）

2017 年 03 月 15 日　　　　　　　　No. 106

<table>
<tr><td rowspan="3">收款人</td><td>全　　称</td><td></td><td rowspan="2">缴款人</td><td colspan="10"></td></tr>
<tr><td>账　　号</td><td></td><td colspan="10"></td></tr>
<tr><td>开户银行</td><td></td><td>款项来源</td><td colspan="10"></td></tr>
<tr><td colspan="4" rowspan="2">人民币
（大写）</td><td>千</td><td>百</td><td>十</td><td>万</td><td>千</td><td>百</td><td>十</td><td>元</td><td>角</td><td>分</td></tr>
<tr><td></td><td></td><td></td><td></td><td></td><td></td><td></td><td></td><td></td><td></td></tr>
<tr><td>券别</td><td>张数</td><td>券别</td><td>张数</td><td colspan="10" rowspan="6">上列款项已收妥
借
贷
银行签章　　　　经办</td></tr>
<tr><td>100 元</td><td></td><td>2 元</td><td></td></tr>
<tr><td>50 元</td><td></td><td>1 元</td><td></td></tr>
<tr><td>20 元</td><td></td><td>角币</td><td></td></tr>
<tr><td>10 元</td><td></td><td>分币</td><td></td></tr>
<tr><td>5 元</td><td></td><td></td><td></td></tr>
</table>

任务二　购 销 业 务

【实训目的】

通过该实训任务，掌握购销业务所需原始凭证，掌握发票的种类、基本内容，能够识别发票，掌握发票的填制方法。

【相关知识】

购销业务所涉及的原始凭证主要为发票。发票是指一切单位和个人在购销商品、提供或接受服务以及从事其他经营活动中，所开具和收取的业务凭证是会计核算的原始依据，也是审计机关、税务机关执法检查的重要依据。税务机关是发票主管机关，管理和监督发票的印制、领购、开具、取得、保管、缴销。单位、个人在购销商品、提供或者接受经营服务以及从事其他经营活动中，应当按照规定开具、使用、取得发票。

发票可以分为两大类：一类是增值税专用发票，另一类是普通发票。增值税专用发票是一般纳税人销售货物或者提供应税劳务或让渡资产使用权开具的发票，是购买方支付增值税额并且按照增值税有关规定据以抵扣增值税进项税的凭证。一般纳税人应通过增值税防伪税控系统使用专用发票，增值税专用发票必须专人填开，分为三个基本联次：第一联为记账联，是销货方的记账凭证，即是开票方作为销货的原始凭证；第二联为抵扣联，是购货方扣税凭证，即是购货方可以进行抵扣的进项发票；第三联为发票联，是销货方的记账凭证，即是购货方作为购进货物的原始凭证。增值税普通发票的格式、字体、栏次、内容与增值税专用发票完全一致，基本联次为两联，第一联为记账联，销货方用作记账凭证；第二联为发票联，购货方用作记账凭证。

子任务一　发票的开具

【技能指导】

增值税发票由销货方开具，填制要求：

1. 项目齐全；
2. 购货单位信息、货物或应税劳务交易信息必须与采购单、送货单信息相符；
3. 字迹清晰，不得压线、错格；
4. 发票各联必须加盖销货单位发票专用章；
5. 按照增值税纳税义务的发生时间开具。

【任务描述】

方羽有限责任公司 2017 年 6 月 18 日向德奥动力设备有限公司销售一批 316 型变频电机，数量 2 套，单价 128 000 元，方羽有限责任公司为增值税一般纳税人，税率为 17%。

德奥动力设备有限公司相关信息如下：

纳税人识别号：342524000004198

地址：安徽合肥芜湖路 32 号

电话：0551－2874516

开户行：中国工商银行合肥市包河区支行

账号：1302010109024930814

【任务要求】

以方羽有限责任公司增值税专用发票专管会计人员王琳的身份开具增值税专用发票，以会计张文的身份复核。

【任务操作】

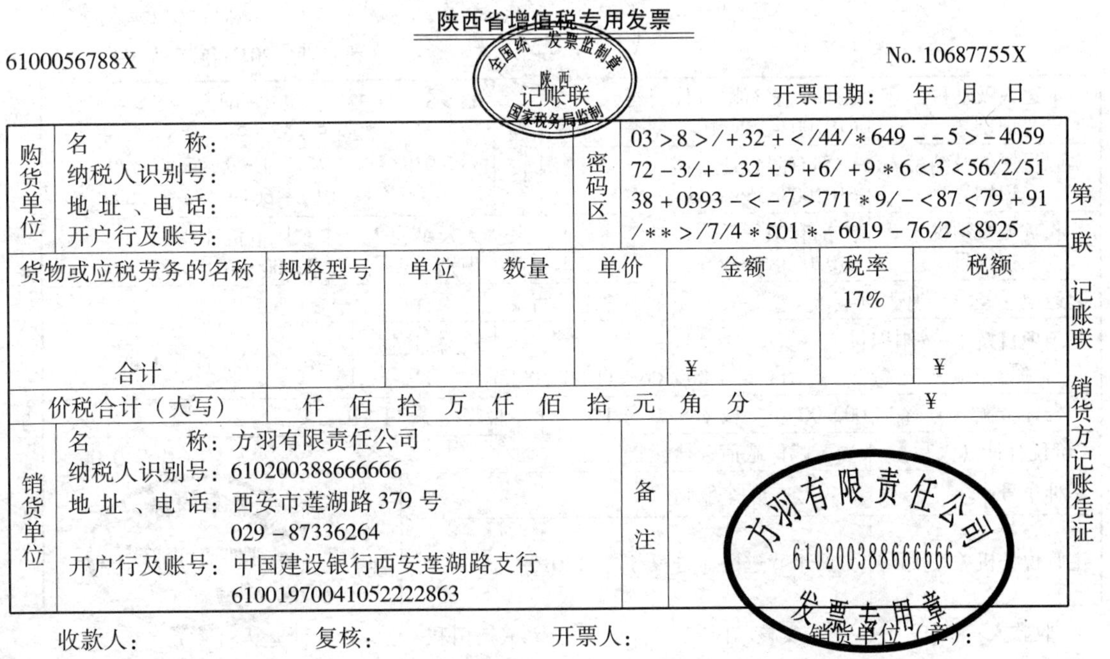

陕西省增值税专用发票

全国统一发票监制章 陕西 国家税务局监制

记账联

6100056788X　　　　No. 10687755X

开票日期：　年　月　日

购货单位	名　　称： 纳税人识别号： 地 址 、电 话： 开户行及账号：				密码区	03 >8 >/+32 +</44/∗649 − −5 >−4059 72 −3/+ −32 +5 +6/ +9 ∗6 <3 <56/2/51 38 +0393 −<−7 >771 ∗9/−<87 <79 +91 /∗∗ >/7/4 ∗501 ∗−6019 −76/2 <8925		
货物或应税劳务的名称	规格型号	单位	数量	单价	金额	税率	税额	
						17%		
合计					¥		¥	
价税合计（大写）	仟　佰　拾　万　仟　佰　拾　元　角　分						¥	
销货单位	名　　称：方羽有限责任公司 纳税人识别号：610200388666666 地 址 、电 话：西安市莲湖路 379 号 029－87336264 开户行及账号：中国建设银行西安莲湖路支行 61001970041052222863				备注	方羽有限责任公司 610200388666666 发票专用章		

第一联　记账联　销货方记账凭证

收款人：　　　复核：　　　开票人：　　　销货单位（章）：

子任务二 发票的识别

【任务描述】

江苏省增值税专用发票

140004451X　　（全国统一发票监制章 江苏 国家税务局监制）　　发票联　　No. 531069258X

开票日期：2017 年 07 月 01 日

购货单位	名　　称：方羽有限责任公司 纳税人识别号：610200388666666 地 址 、电 话：西安市莲湖路 379 号 029－87336264 开户行及账号：中国建设银行西安莲湖路支行 61001970041052222863	密码区	03 >8 >/+32 + < /44/ ∗649 − −5 > −4059 72 −3/+ −32 +5 +6/ +9 ∗6 <3 <56/2/51 38 +0393 − < −7 >771 ∗9/− <87 <79 +91 /∗∗ >/7/4 ∗501 ∗ −6019 −76/2 <8925

货物或应税劳务的名称	规格型号	单位	数量	单价	金额	税率	税额
定转子冲片		片	20 000	10.9	218 000	17%	37 060
300C 电机		台	20	15 900	318 000		54 060
合计					¥536 000		¥91 120
价税合计（大写）	零仟零佰陆拾贰万柒仟壹佰贰拾零元零角零分				¥627 120. 00		

销货单位	名　　称：东风电机冲片厂 纳税人识别号：320006110115687 地 址 、电 话：江苏常州定安西路 77 号 0519－6564783 开户行及账号：中国农业银行常州市武进支行 6228186860805326757	备注	（东风电机冲片厂 320006110115687 发票专用章）

收款人：　　复核：张敏　　开票人：王丽　　销货单位（章）：

第三联 发票联 付款方记账凭证

货物运输业增值税专用发票

（全国统一发票监制章 陕西 国家税务局监制）　　发票联　　No. 67013943732

开票日期：2017 年 07 月 03 日

承运人及纳税人识别号	精通物流有限责任公司 610700741259917	密码区	03 >8 >/+32 + < /44/ ∗649 − −5 > −4059 72 −3/+ −32 +5 +6/ +9 ∗6 <3 <56/2/51 38 +0393 − < −7 >771 ∗9/− <87 <79 +91 /∗∗ >/7/4 ∗501 ∗ −6019 −76/2 <8925
实际受票方及纳税人识别号	方羽有限责任公司 610200388666666		
收货人及纳税人识别号	方羽有限责任公司 610200388666666	发货人及纳税人识别号	东风电机冲片厂 320006110115687
起运地、经由、到达地	常州至西安		
费用项目及金额	费用项目 运费；数量 11；单位 1 000. 00；金额 11 000. 00	运输货物信息	电机 20 箱，冲片 1 箱
合计金额	¥11 000. 00	税率 11%	税额 1 210
价税合计（大写）	壹万贰仟贰佰壹拾元整		（小写） ¥12 210. 00
车种车号		车船吨位	
主管税务机关及代码	常州市武进区地方税务局 2140109	备注	（精通物流有限责任公司 32000611019976 发票专用章）

收款人：王红　　复核：白雪　　开票人：田和　　承运人（章）：

第三联 发票联 受票方记账凭证

北京增值税普通发票

全国统一发票监制章 北京 国家税务局监制

发票联

51145625238　　No. 31418720

校验码 83216 42018 27713 10763　　开票日期：2017 年 07 月 12 日

购货单位	名　　称：方羽有限责任公司 纳税人识别号：610200388666666 地 址 、电 话：西安市莲湖路 379 号 029 − 87336264 开户行及账号：中国建设银行西安莲湖路支行 61001970041052222863	密码区	03 >8 >/+32 +</44/∗649 − −5 > −4059 72 −3/+ −32 +5 +6/ +9 ∗6 <3 <56/2/51 38 +0393 − < −7 >771 ∗9/ − <87 <79 +91 /∗∗ >/7/4 ∗501 ∗ −6019 −76/2 <8925

货物或应税劳务的名称	规格型号	单位	数量	单价	金额	税率	税额
住宿费				415.09	415.09	6%	24.91
合计					¥415.09		¥24.91
价税合计（大写）	人民币肆佰肆拾元整						¥440.00

销货单位	名　　称：北京和平里宾馆有限公司 纳税人识别号：110101101211296 地 址 、电 话：北京市东城区兴化路 010 − 64286868 开户行及账号：中国建设银行东城区支行 61001567407204567765	备注	北京和平里宾馆有限公司 110101101211296 发票专用章

收款人：张乐　　复核：张想　　开票人：苏薇　　销货单位（章）：

第二联 发票联 购买方记账凭证

【任务要求】

仔细观察企业收到的发票，描述所发生的经济业务。

【任务操作】

任务三 请款与费用报销业务

【实训目的】

通过该实训任务，掌握请款与费用报销业务流程及所需原始凭证，能够识别与填制请款单、费用报销单。

【相关知识】

企业费用报销业务主要包括差旅费报销、业务招待费报销、办公费报销等，企业应当制定费用报销相关制度，规定备用金制度、费用报销流程、报销标准以及费用报销内控制度等。

请款业务所需原始凭证主要有借款单、出差申请表，费用报销业务所需原始凭证主要有差旅费报销单、费用报销单、收款收据等。这些原始凭证都属于自制原始凭证，没有规定的格式，企业可以根据自己实际情况设计。

【技能指导】

1. 借款单、出差申请表是费用发生前用于请款的固定表格式原始凭证，借款单、出差申请表由借款人、出差人员填制，经过审批后交给财会人员作为借款的凭证，有的出差申请表并不涉及借款，仅作为日后报销的依据。

2. 费用报销单、差旅费报销单是由报销人员或出差人员完成相关业务以后进行报销的一种固定表格式原始凭证。费用报销单、差旅费报销单由报销人员填制，经过审批后交给财会人员作为现金退补的依据。报销人员在办理业务过程中取得的购货发票、车船票、住宿费发票等外来原始凭证，应分类整理后粘贴在报销单后或粘贴在专用的粘贴单上然后附在报销单后。费用报销单、差旅费报销单均属于汇总原始凭证，根据所发生费用的发票、单据以及企业报销补助制度的规定填写。

3. 收款收据是企业收到钱或东西后给对方的字据，当企业收取租金、押金、罚款、赔偿款以及收到投资方的投资款时都需要填写收据。

4. 企业请款与报销业务都需要一定的审核流程，企业不同，流程有所差异，但通常都需要以下几个步骤：

（1）企业经办人或申请人填写好报销单据或请款单据，由部门领导审核签字，负责确认此项费用或请款事项的真实性；

（2）财务部门审核签字，负责报销金额的正确性、票据的合法性或请款事项的合理性、合法性；

（3）总经理签字，确定费用的合理性，决定是否准予报销。

子任务一 请款业务

【任务描述】

2017 年 7 月 9 日，公司综合办公室主任李浩委派本部门员工杨慧去北京技术交流，出差期间为 2017 年 7 月 10 ~ 12 日，交通工具为飞机，杨慧预借款 3 000 元出差。

【任务要求】

以杨慧名义填写出差申请表和借款单，以李浩名义审核，以陈平名义批签，并以总经理姜德睿名义核准，以出纳王琳名义付款。

【任务操作】

出差申请表

填表时间：　　年　　月　　日

申请人	姓名		同行者	姓名	
	职务			职务	
出差目的地		主要交通工具		□飞机　□火车　□汽车	
计划出差时间	年　月　日　至　年　月　日　共　天				
出差事由					
预借款项	有　　元	部门负责人审核			
		财务签批			
	无	总经理核准			

借　款　单

年　月　日　　No. 0031

部门			借款人		
借款金额	金额（大写）			¥	
借款事由					
财务主管		出纳		借款人签字	

现金付讫

子任务二　报销业务

【任务描述】

7 月 16 日，杨慧报销差旅费。

航空运输电子客票行程单

全国统一发票监制 国家税务局监制

印刷序号：100000040

<table>
<tr><td colspan="3">票客姓名：杨慧</td><td colspan="4">有效身份证件号码：610324198302130056</td><td colspan="3">签注：不得签转变更退票收费</td></tr>
<tr><td></td><td>承运人</td><td>航班号</td><td>座位等级</td><td>日期</td><td>时间</td><td>客票级别/类票类别</td><td>客票生效日期</td><td>有效截止日期</td><td>免费行李</td></tr>
<tr><td rowspan="2">FROM
西安 TO 北京</td><td>国航</td><td>CA1306</td><td>Y</td><td>20170710</td><td>11：45</td><td>Y</td><td></td><td></td><td></td></tr>
<tr><td colspan="2">票价 820.00</td><td colspan="2">机场建设费 50.00</td><td colspan="5">合计 870.00</td></tr>
<tr><td colspan="3">电子客票号码 78459667470501</td><td colspan="2">验证码 405607</td><td colspan="2">提示信息 CA1306 乘机</td><td colspan="3">保险费 00.00</td></tr>
<tr><td colspan="3">销售单位代码 CTU123 293847203</td><td colspan="4">填开单位：高山流水航空票务服务责任有限公司</td><td colspan="3">填开日期 2017－07－12</td></tr>
</table>

中国民航电子客票行程单 发票专用章

航空运输电子客票行程单

全国统一发票监制 国家税务局监制

印刷序号：100000078

<table>
<tr><td colspan="3">票客姓名：杨慧</td><td colspan="4">有效身份证件号码：610324198302130056</td><td colspan="3">签注：不得签转变更退票收费</td></tr>
<tr><td></td><td>承运人</td><td>航班号</td><td>座位等级</td><td>日期</td><td>时间</td><td>客票级别/类票类别</td><td>客票生效日期</td><td>有效截止日期</td><td>免费行李</td></tr>
<tr><td rowspan="2">FROM
北京 TO 西安</td><td>国航</td><td>CA1307</td><td>Y</td><td>20170712</td><td>12：30</td><td>Y</td><td></td><td></td><td></td></tr>
<tr><td colspan="2">票价 820.00</td><td colspan="2">机场建设费 50.00</td><td colspan="5">合计 870.00</td></tr>
<tr><td colspan="3">电子客票号码 78459667475678</td><td colspan="2">验证码 235487</td><td colspan="2">提示信息 CA1307 乘机</td><td colspan="3">保险费 00.00</td></tr>
<tr><td colspan="3">销售单位代码 CTU123 293847203</td><td colspan="4">填开单位：高山流水航空票务服务责任有限公司</td><td colspan="3">填开日期 2017－07－12</td></tr>
</table>

中国民航电子客票行程单 发票专用章

北京增值税普通发票

51145625238　　　　No. 31418720

校验码 83216 42018 27713 10763　　　　开票日期：2017 年 07 月 12 日

<table>
<tr><td rowspan="1">购货单位</td><td colspan="4">名　　称：方羽有限责任公司
纳税人识别号：610200388666666
地 址 、电 话：西安市莲湖路 379 号
029 – 87336264
开户行及账号：中国建设银行西安莲湖路支行
61001970041052222863</td><td>密码区</td><td colspan="3">03 >8 >/+32 + </44/*649 - -5 >-4059
72 -3/+ -32 +5 +6/ +9 *6 <3 <56/2/51
38 +0393 - < -7 >771 *9/- <87 <79 +91
/** >/7/4 *501 *-6019 -76/2 <8925</td></tr>
<tr><td colspan="2">货物或应税劳务的名称</td><td>规格型号</td><td>单位</td><td>数量</td><td>单价</td><td>金额</td><td>税率</td><td>税额</td></tr>
<tr><td colspan="2">住宿费</td><td></td><td></td><td></td><td>415.09</td><td>415.09</td><td>6%</td><td>24.91</td></tr>
<tr><td colspan="2">合计</td><td></td><td></td><td></td><td></td><td>¥415.09</td><td></td><td>¥24.91</td></tr>
<tr><td colspan="2">价税合计（大写）</td><td colspan="6">人民币肆佰肆拾元整</td><td>¥440.00</td></tr>
<tr><td>销货单位</td><td colspan="4">名　　称：北京和平里宾馆有限公司
纳税人识别号：110101101211296
地 址 、电 话：北京市东城区兴化路
010 – 64286868
开户行及账号：中国建设银行东城区支行
61001567407204567765</td><td>备注</td><td colspan="3">北京和平里宾馆有限公司
110101101211296
发票专用章</td></tr>
</table>

收款人：张乐　　复核：张想　　开票人：苏薇　　销货单位（章）：

第二联　发票联　购买方记账凭证

差旅费报销单

报销部门：　　　　年　　月　　日　　　　No. 20170701

<table>
<tr><td colspan="3">报销人</td><td colspan="2"></td><td colspan="2">出差事由</td><td colspan="4"></td></tr>
<tr><td rowspan="2">日期</td><td rowspan="2">出发地</td><td rowspan="2">到达地</td><td colspan="2">市内交通补助</td><td colspan="2">伙食补贴</td><td rowspan="2">车（船）票</td><td rowspan="2">出差补贴</td><td rowspan="2">住宿费</td><td rowspan="2">合计金额</td></tr>
<tr><td>天数</td><td>金额</td><td>天数</td><td>金额</td></tr>
<tr><td></td><td></td><td></td><td></td><td></td><td></td><td></td><td></td><td></td><td></td><td></td></tr>
<tr><td></td><td></td><td></td><td></td><td></td><td></td><td></td><td></td><td></td><td></td><td></td></tr>
<tr><td></td><td></td><td></td><td></td><td></td><td></td><td></td><td></td><td></td><td></td><td></td></tr>
<tr><td colspan="3"></td><td></td><td></td><td></td><td></td><td></td><td></td><td></td><td></td></tr>
<tr><td colspan="11">报销金额合计人民币（大写）：</td></tr>
<tr><td colspan="5">预借金额：¥</td><td colspan="6">结余或超支：¥</td></tr>
<tr><td colspan="2">单位领导</td><td colspan="3">姜德睿</td><td colspan="3">会计主管</td><td colspan="3">陈平</td></tr>
<tr><td colspan="2">出纳</td><td colspan="3"></td><td colspan="3">审核会计</td><td colspan="3"></td></tr>
<tr><td colspan="2">经手人</td><td colspan="9"></td></tr>
</table>

附单据　张

收 款 收 据

年 月 日 No. 1012122

交款单位名称（或姓名）		第三联 记账联
摘　要		
人民币	¥	
备　注	现金收讫	

会计： 出纳： 经手人：

【任务要求】

以杨慧名义填写差旅费报销单，以会计人员张文名义完成票据审核，并填开收款收据，以出纳王琳名义报销、收款。

【任务操作】

任务四 存货流转业务

【实训目的】

通过该实训任务，掌握存货流转业务所需原始凭证，能够识别各种收料单、领料单、入库单、出库单，掌握领料汇总表的填制方法。

【相关知识】

工业企业中经常会有存货的流转业务，为了明确各部门之间的经济责任，需要填写相应的原始凭证。这些证明存货内部流转的原始凭证为自制原始凭证，企业可根据经营特点自行设计。

1. 收料单。购买材料入库时需填写材料收料单，由采购员、质检验收人员、仓库保管人员及仓库主管签字。收料单通常一式三联，一联留仓库，作为登记材料保管账的依据，一联采购部门留存，一联送交财务部门作为记账依据。

收　料　单

收料仓库：原材料库　　　　2017 年 06 月 13 日　　　　收料单编号：130702

材料名称	单位	数量		单价	材料金额	运杂费	合计（实际成本）	实际单价
		应收数	实收数					
轴承	套	60	60	6 300	378 000	0	378 000	6 300
合计					378 000	0	378 000. 00	6 300. 00
供货单位	维赛轴承有限公司	结算办法	转账结算	合同号			130506	
备注								

此联由财务部门记账用

主管：邓旭佳　　采购员：颜颇　　入库验收：王伟　　仓库保管：王江

2. 领料单。企业其他部门领用材料时需填写领料单，由领用部门主管、领料人员、库存保管人员及仓库主管签字。领料单通常一式三联，一联留仓库，作为登记材料保管账的依据，一联由领料部门留存，一联送交财务部门作为记账依据。

领　料　单

2017 年 06 月 03 日

领料单位：车间　　　　发料仓库：1 号仓库

品名	单位	数量	用途	单位成本	领料成本	领料人
电机定转子冲片	片	13 600	生产 315 变频电机			于博
轴承	个	39	生产 315 变频电机			于博
转子	个	13	生产 315 变频电机			于博
300C 电机	台	13	生产 315 变频电机			于博
耐磨润滑油	升	100	车间机器设备			于博

车间审批：郭远航　　　　保管员：王江

3. 入库单。工业企业产品完工入库时需填写入库单，由车间主管人员、质检人员、交库人员、库存保管人员、仓库主管人员签字。入库单通常一式三联，一联留仓库，作为登记产品保管账的依据，一联由车间生产部门留存，一联送交财务部门作为记账依据。

产品入库单

2017 年 06 月 24 日

交库部门：生产车间　　　　仓库：产成品仓库

入库事由：完工入库

产品名称	规格型号	计量单位	交付数量	交货人
变频电机	315 型	台	6	何统

质量检验员：梁朔　　　　入库验收：肖斌　　　　仓库保管：肖斌

4. 出库单。产品销售或其他原因出库时需填写出库单，由销售部门或领用部门主管、领用人员、库存保管人员及仓库主管签字。出库单通常一式三联，一联留仓库，作为登记产品保管账的依据，一联由销售或领用部门留存，一联送交财务部门作为记账依据。

产品出库单

2017 年 06 月 13 日

领货部门	事由	品名	型号	计量单位	数量	单位成本	总成本	经手人
销售部	销售	变频电机	315 型	台	6			梁朔

发货仓库：产成品仓库　　　　仓库保管：肖斌

财务部门为了会计核算的需要，通常会定期或在每月月末将收到的领料单汇总编制成发料汇总表，发料汇总表是一种汇总原始凭证。

【任务描述】

6 月 30 日，统计财务部门 6 月收到的领料单如下：

领　料　单

2017 年 06 月 03 日

领料单位：车间　　　　发料仓库：1 号仓库

品名	单位	数量	用途	单位成本	领料成本	领料人
电机定转子冲片	片	11 600	生产 315 变频电机	10.95 元/片		于博
电机定转子冲片	片	2 600	生产 316 变频电机	10.95 元/片		于博

车间审批：郭远航　　　　保管员：王江

领　料　单

2017 年 06 月 10 日

领料单位：车间　　　　　　　　　　　　　　　　　　　　　　发料仓库：1 号仓库

品名	单位	数量	用途	单位成本	领料成本	领料人
轴承	个	25	生产 315 变频电机	6 300 元/个		于博
轴承	个	14	生产 316 变频电机	6 300 元/个		于博

车间审批：郭远航　　　　　　　　　保管员：王江

领　料　单

2017 年 06 月 16 日

领料单位：车间　　　　　　　　　　　　　　　　　　　　　　发料仓库：1 号仓库

品名	单位	数量	用途	单位成本	领料成本	领料人
转子	个	10	生产 315 变频电机	7 300 元/个		于博
转子	个	3	生产 316 变频电机	7 300 元/个		于博

车间审批：郭远航　　　　　　　　　保管员：王江

领　料　单

2017 年 06 月 23 日

领料单位：车间　　　　　　　　　　　　　　　　　　　　　　发料仓库：1 号仓库

品名	单位	数量	用途	单位成本	领料成本	领料人
300C 电机	台	10	生产 315 变频电机	16 400 元/台		于博
300C 电机	台	3	生产 316 变频电机	16 400 元/台		于博

车间审批：郭远航　　　　　　　　　保管员：王江

领　料　单

2017 年 06 月 28 日

领料单位：车间　　　　　　　　　　　　　　　　　　　　　　发料仓库：1 号仓库

品名	单位	数量	用途	单位成本	领料成本	领料人
耐磨润滑油	升	100	车间机器设备	15 元/升		于博

车间审批：郭远航　　　　　　　　　保管员：王江

【任务要求】

以会计张文名义编制6月的发料汇总表。

【任务操作】

领料汇总表

2017年06月30日

领料单位：车间　　　　发料仓库：1号仓库

材料 \ 用途	电机定转子冲片	轴承	转子	300C电机	耐磨润滑油	合计
生产变频电机315型						
生产变频电机316型						
车间机器设备						
合计						

复核：陈平　　　　制表：张文

任务五　其他常用原始凭证的识别

【实训目的】

通过该实训任务，能够识别网银支付方式下各种收付款凭证、电子缴税付款凭证、委托收款凭证等原始凭证。

【相关知识】

近些年来，随着互联网的发展，越来越多的企业开通了“企业网上银行”。通过该方式进行款项的收付，会计人员足不出户便可办理业务，但企业入账则需要凭证，所以需要会计人员定期去开户银行打印业务回单（收款或付款凭证）。收款业务回单是企业收款业务的原始凭证，付款业务回单是企业付款业务的原始凭证。

如今，许多企业都签订了三方（纳税人、税务、银行）协议，三方协议是方便纳税人的一种电子缴税形式，在该协议下，纳税人委托银行使用网上申报上缴税款，即纳税人负责网上申报，而银行负责根据申报额转款到税收部门。在三方协议下，企业缴纳税款的原始凭证为“银行电子缴税付款凭证”。

【任务描述】

中国建设银行电子转账凭证

2017 年 07 月 24 日　　　　No. 7349

付款人			收款人		
付款人	全　称	方羽有限责任公司	收款人	全　称	东风电机冲片厂
付款人	账　号	6100197004105222 2863	收款人	账　号	6228186860805326 7579
付款人	开户银行	中国建设银行西安莲湖路支行	收款人	开户银行	中国农业银行常州市武进支行

人民币（大写）	千	百	十	万	千	百	十	元	角	分
陆拾叁万玖仟叁佰叁拾元整		¥	6	3	9	3	3	0	0	0

备注：货款

中国建设银行西安莲湖路支行 2017年7月24日 转讫

付款人开户行盖章

中国建设银行电子汇划进账凭证

2017 年 07 月 23 日　　　　No. 3287

付款人			收款人		
付款人	全　称	德奥动力设备公司	收款人	全　称	方羽有限责任公司
付款人	账　号	1302010109024930814	收款人	账　号	6100197004105222 2863
付款人	开户银行	中国工商银行合肥市包河区支行	收款人	开户银行	中国建设银行西安莲湖路支行

人民币（大写）	千	百	十	万	千	百	十	元	角	分
壹佰柒拾伍万伍仟元整	¥	1	7	5	5	0	0	0	0	0

备注：货款

中国建设银行西安莲湖路支行 2017年7月23日 转讫

收款人开户行盖章

建设银行电子缴税付款凭证

扣款日期：2017 年 07 月 10 日　　清算日期：2017 年 07 月 15 日　　凭证序号：000324446

纳税人全称及纳税人识别号：方羽有限责任公司　　610200388666666
付款人全称：方羽有限责任公司
付款人账号：61001970041052222863　　征收机关名称：西安市地方税务局莲湖区分局
付款人开户银行：中国建设银行西安莲湖路支行　　收款国库：莲湖区支库
小写（合计）金额：¥7 140.00　　缴款书交易流水号：02567756
大写（合计）金额：柒仟壹佰肆拾元整　　税票号码：2017050001584593

项目	所属期间	缴费合计	备注
城市建设维护税	20170601～20170630	¥4 165.00	地税
教育费附加	20170601～20170630	¥1 785.00	地税
地方教育费附加	20170601～20170630	¥1 190.00	地税

中国建设银行西安莲湖路支行
2017年7月10日
受理凭证专用章

第 1 次打印　　打印时间：2017－07－10　09：12：56　　财务日期：20170710

第二联：作付款回单（无银行办讫章无效）　　复核　　记账

委电

委托收款凭证（付款通知）　　托收号码：No. 25

委托日期：2017 年 07 月 20 日　　付款期限 2017 年 07 月 22 日

付款人	全称	方羽有限责任公司	收款人	全称	西安市供电局
	账号	61001970041052222863		账号	11020299888887765432
	开户银行	中国建设银行西安莲湖路支行		开户银行	中国工商银行西安市兴庆路支行

托收金额人民币（大写）：叁万捌仟肆佰零拾伍元贰角伍分

千	百	十	万	千	百	十	元	角	分
		¥	3	8	4	0	5	2	5

款项名称	应付电费	委托收款凭据名称	发票	附寄单证张数	2 张

中国建设银行西安莲湖路支行
2017年7月22日
受理凭证专用章

备注：

付款人注意：
1. 根据结算办法规定办理委托收款，在付款期限内未拒付时，将视同同意付款。
2. 如需提前付款或多付款时，应另写书面通知送银行办理。
3. 如系全部拒付或部分拒付，应在付款期限内另填拒付款理由书送银行办理。

第三联：付款方记账凭证

【任务要求】

根据以上原始凭证，分别描述其反映企业发生的经济业务。

【任务操作】

任务六　原始凭证的审核

【实训目的】

通过该实训任务，能够掌握原始凭证的审核要点，以及审核结果的处理方法。

【相关知识】

1. 审核要点。原始凭证的审核主要从真实性、合法性、合理性、完整性、正确性五个方面进行。

（1）审核原始凭证的真实性：包括日期是否真实、业务内容是否真实、数据是否真实等。

（2）审核原始凭证的合法性：经济业务是否符合国家有关政策、法规、制度的规定，是否有违法乱纪等行为。

（3）审核原始凭证的合理性：原始凭证所记录经济业务是否符合企业生产经营活动的需要、是否符合有关的计划和预算等。

（4）审核原始凭证的完整性：原始凭证的内容是否齐全，包括：有无漏记项目、日期是否完整、有关签章是否齐全等。

（5）审核原始凭证的正确性：包括数字是否清晰、文字是否工整、书写是否规范、凭证联次是否正确、有无刮擦、涂改和挖补等。

2. 审核结果的处理方法。

（1）对于完全符合要求的原始凭证，应及时据以编制记账凭证入账。

（2）对于真实、合法、合理但内容不够完整、填写有错误的原始凭证，应退回给有关经办人员，由其负责将有关凭证补充完整、更正或重开（金额不正确必须重开）后，再办理正式会计手续。

（3）对于不真实、不合法的原始凭证，会计机构和会计人员有权不予接受，并向单位负责人报告。

【任务描述】

2017 年 7 月 16 日，厂办杨慧报销差旅费，收到杨慧填制的差旅费报销单及其附件。

差旅费报销单

部门：厂办　　　　2017 年 07 月 16 日　　　　No. 20130601

报销人			杨慧		出差事由		技术交流			
日期	出发地	到达地	市内交通补助		伙食补贴		车（船）票	出差补贴	住宿费	合计金额
			天数	金额	天数	金额				
7.10	西安	北京	1	20			870	100	220	1 210
7.11	北京		1	20				100	220	320
7.12	北京	西安	1	20			870	100		990
合计				60			1 740	300	440	2 520
报销金额合计人民币（大写）：贰仟伍佰贰拾元整										
预借金额：¥3 000.00						结余（超支）：¥480.00				
单位领导						会计主管				
出纳						审核				
经手人										

附单据　张

航空运输电子客票行程单

全国统一发票监制　国家税务局监制

印刷序号：100000040

票客姓名：杨慧			有效身份证件号码：610324198302130056			签注：不得签转变更退票收费			
	承运人	航班号	座位等级	日期	时间	客票级别/类票类别	客票生效日期	有效截止日期	免费行李
FROM 西安 TO 北京	国航	CA1306	Y	20170710	11：45	Y			
	票价 820.00		机场建设费 50.00	合计 870.00					
电子客票号码 78459667470501			验证码 405607		提示信息 CA1306 乘机		保险费 00.00		
销售单位代码 CTU123 293847203			填开单位：高山流水航空票务服务责任有限公司				填开日期 2017－07－12		

中国民航电子客票行程单
发票专用章

航空运输电子客票行程单

全国统一发票监制 国家税务局监制

印刷序号：100000078

票客姓名：杨慧			有效身份证件号码：610324198302130056				签注：不得签转变更退票收费		
	承运人	航班号	座位等级	日期	时间	客票级别/类票类别	客票生效日期	有效截止日期	免费行李
FROM 北京 TO 西安	国航	CA1307	Y	20170712	12：30	Y			
	票价 820.00		机场建设费 50.00		合计 870.00				
电子客票号码 78459667475678			验证码 235487		提示信息 CA1307 乘机		保险费 00.00		
销售单位代码 CTU123 293847203			填开单位：高山流水航空票务服务责任有限公司				填开日期 2017－07－12		

中国民航电子客票行程单 发票专用章

北京增值税普通发票

全国统一发票监制章 北京 发票联 国家税务局监制

51145625238　　　　No. 31418720

校验码 83216 42018 27713 10763　　　　开票日期：2017 年 07 月 12 日

购货单位	名称：方羽有限责任公司 纳税人识别号：610200388666666 地址、电话：西安市莲湖路 379 号 029－87336264 开户行及账号：中国建设银行西安莲湖路支行 61001970041052222863	密码区	03 >8 >/+32 +</44/∗649 − −5 > −4059 72 −3/+ −32 +5 +6/ +9 ∗6 <3 <56/2/51 38 +0393 − < −7 >771 ∗9/− <87 <79 +91 /∗∗ >/7/4 ∗501 ∗ −6019 −76/2 <8925

货物或应税劳务的名称	规格型号	单位	数量	单价	金额	税率	税额
住宿费				415.09	415.09	6%	24.91
合计					¥415.09		¥24.91
价税合计（大写）	人民币肆佰肆拾元整						¥440.00

销货单位	名称：北京和平里宾馆有限公司 纳税人识别号：110101101211296 地址、电话：北京市东城区兴化路 010－64286868 开户行及账号：中国建设银行东城区支行 61001567407204567765	备注	北京和平里宾馆有限公司 110101101211296 发票专用章

收款人：张乐　　复核：张想　　开票人：苏薇　　销货单位（章）：

第二联 发票联 购买方记账凭证

【任务要求】

以会计人员张文的名义审核以上原始凭证，指出其中存在的问题，提出处理意见。

【任务操作】

实训项目二

记账凭证

任务一　记账凭证的选用和填制

【实训目的】

通过该任务的实训，能够根据企业规模和业务量选择记账凭证的类型，能够根据实际经济业务熟练选择专用记账凭证种类，掌握通用记账凭证和专用记账凭证的填制方法。

【相关知识】

记账凭证包括通用记账凭证和专用记账凭证。

通用记账凭证一般适用于业务量较少、每月编制凭证不多的小型企事业单位。通用记账凭证是一种适合所有经济业务的记账凭证。采用通用记账凭证，将经济业务所涉及的会计科目全部填列在一张凭证内，借方在前，贷方在后，将各会计科目所记应借应贷的金额填列在“借方金额”和“贷方金额”栏内。借贷要相等。

专用记账凭证根据企业经济业务将会计凭证分为收款凭证、付款凭证、转账凭证三类，每类凭证上只反映一种类型的经济业务（收款业务、付款业务、转账业务）。收款凭证的借方只能是“库存现金”或“银行存款”，因此所涉及会计分录只能是一借一贷或一借多贷；付款凭证的贷方只能是“库存现金”或“银行存款”，因此所涉及会计分录只能是一借一贷或多借一贷；转账凭证的借贷两方均不涉及“库存现金”和“银行存款”，其所涉及会计分录可以是一借一贷或一借多贷、多借一贷甚至多借多贷。对于借方和贷方同时涉及“库存现金”和“银行存款”的，为了避免重复，只编制付款凭证。如果一笔会计分录借方既有“库存现金”或“银行存款”，又有其他会计科目，则在编制专用记账凭证时需要编制一张收款凭证和一张转账凭证；同理，如果一笔会计分录贷方既有“库存现金”或“银行存款”，又有其他会计科目，则在编制专用记账凭证时需要编制一张付款凭证和一张转账凭证。专用记账凭证可以分三类编码也可以分五类编码。三类编号法下，根据收款凭证编“收字第 1 号”“收字第 2 号”等；根据付款凭证编“付字第 1 号”“付字第 2 号”等；根据转账凭证编“转字第 1 号”“转字第 2 号”等。五类编号法是在三类编号法下，对收款凭证和付款凭证根据“库存现金”和“银行存款”会计科目进行了细分。根据现金收款凭证编“现收字第 1 号”“现收字第 2 号”等；根据银行存款收款凭证编“银收字第 1 号”“银收字第 2 号”等；根据现金付款凭证编“现付字第 1 号”“现付字第 2 号”等；根据银行存款付款凭证编“银付字第1号”“银付字第2号”等；根据转账凭证编“转字第1号”“转字第2号”等。

【技能指导】

填制记账凭证，应符合以下要求：

1. 必须以审核无误的原始凭证或汇总原始凭证为依据填制记账凭证。

2. 记账凭证日期，应以财会部门受理经济业务事项的日期为准（年、月、日应写全）。如果是收付款凭证，一般与货币资金收付的日期相同，如果为转账凭证，一般与填制日期相同。

3. 填制记账凭证时，应当对记账凭证进行连续编号。无论是通用记账凭证的一类编号还是专用记账凭证的三类编号或五类编号均应按月从“1”号开始按照业务发生的顺序编号。

4. 填制记账凭证摘要，应简明扼要，说明问题，填写的摘要要真实准确，书写整齐清洁。

5. 要根据交易或事项的内容，使用规范正确的会计科目。填写会计科目时，应填写会计科目的全称和子目甚至细目。不得简写或只填会计科目的编号而不填名称。

6. 记账凭证所填金额要和所附原始凭证或原始凭证汇总表的金额一致。记账凭证的“合计”行填列合计金额，在合计数字前应填写货币符号，不是合计数字前不应填写货币符号。一笔经济业务因涉及会计科目较多，需填写多张记账凭证的，只在最后一张记账凭证的“合计”行填列合计金额。

7. 记账标记。又称过账标记，是根据记账凭证登记完账簿时在记账凭证“记账”栏打的“√”，目的是为了避免重登或漏登账簿。在填制记账凭证时，不需要在“记账”栏打标记。

8. 除结账和更正错误的记账凭证可以不附原始凭证外，其他记账凭证必须附有原始凭证。所附原始凭证的张数一般以原始凭证的自然张数为准，凡是与记账凭证中的交易或事项有关的每一张原始凭证，都应作为记账凭证的附件。如果记账凭证中附有汇总原始凭证，也应将其计入附件张数之内。但报销差旅费等零散票据，可以粘贴在“凭证粘贴单”上作为一张原始凭证处理，并在原始凭证粘贴单上注明所粘贴的张数和金额。如果一张原始凭证涉及几张记账凭证，可以把原始凭证附在一张主要的记账凭证后面，并在其他记账凭证上注明附有该原始凭证的记账凭证的编号或者附原始凭证复印件。并且记账凭证的内容和金额应和所附的原始凭证一致。

9. 记账凭证不得跳行或留有余行。填制完毕的记账凭证如有空行，应当自金额栏最后一笔金额数字下的右上角处至最下一行的左下角处划一条对角斜线或“S”形线来注销空行。

10. 记账凭证上规定的有关人员的签名或盖章，应全部签章齐全，以明确责任。一张记账凭证涉及几个会计记账的，凡记账的会计均应在“记账”签章处签章，收付款凭证还应由出纳人员签章。

11. 填制记账凭证可用蓝黑墨水或碳素墨水，金额按规定需用红字表示的，数字可用红色墨水，但不准以负数表示，除金额外其他内容不得使用红色墨水填写。

子任务一　通用记账凭证的填制

【任务描述】

中国建设银行
现金支票存根（　）

$\frac{A}{0}\frac{B}{2}$　10557

附加信息

出票日期 2017 年 06 月 04 日
收款人：方羽有限责任公司

金额：￥6 000.00

用途：备用金

单位主管：陈平　　会计：张文

【任务要求】

分析以上经济业务，以会计张文名义编制相关记账凭证。

【任务操作】

记　账　凭　证

年　月　日　　　　第____号

摘要	总账科目	明细科目	借方金额										贷方金额									
			千	百	十	万	千	百	十	元	角	分	千	百	十	万	千	百	十	元	角	分
合计																						

会计主管：　　记账：　　复核：　　制单：

子任务二 专用记账凭证的选择与填制

【任务描述】

中国建设银行
现金支票存根 （ ）

$\frac{A}{0}\frac{B}{2}$ 10557

附加信息

出票日期 2017 年 06 月 04 日 收款人：方羽有限责任公司
金额：¥6 000.00
用途：备用金

单位主管：陈平 会计：张文

【任务要求】

分析以上经济业务判断需要什么类型的专用会计凭证，以会计张文名义编制相关记账凭证。

【任务操作】

收 款 凭 证

总字第____号

借方科目：______________ 年 月 日 收字第____号

摘要	贷方科目		√	金额									
	总账科目	明细科目		千	百	十	万	千	百	十	元	角	分
人民币（大写）													

财务主管（签章） 记账（签章） 出纳（签章） 复核（签章） 制单（签章）

付款凭证

总字第____号

贷方科目：______　　年　月　日　　付字第____号

摘要	借方科目		√	金额									
	总账科目	明细科目		千	百	十	万	千	百	十	元	角	分
人民币（大写）													

财务主管（签章）　记账（签章）　出纳（签章）　复核（签章）　制单（签章）

转账凭证

总字第____号

年　月　日　　转字第____号

摘要	总账科目	明细科目	借方金额										贷方金额									
			千	百	十	万	千	百	十	元	角	分	千	百	十	万	千	百	十	元	角	分
合计																						

会计主管：　记账：　复核：　制单：

任务二　主要经济业务的处理

【实训目的】

通过该任务的实训，能够根据所提供原始凭证正确分析发生的经济业务，掌握会计分录的编制方法，熟练选择并填制会计凭证。

【实训指导】

1. 根据任务描述，审核每项经济业务的原始凭证，编制专用记账凭证并将原始凭证附在记账凭证之后。

2. 本任务需要收款凭证 4 张，付款凭证 9 张，转账凭证 21 张。

3. 本任务共涉及 27 笔经济业务。

【任务描述】

方羽有限责任公司 2017 年 7 月发生了以下经济业务：

1. 7 月 1 日，收到西安劲风机械厂投资。

投资协议

甲方（接受投资单位）：方羽有限责任公司

乙方（投资单位）：西安劲风机械厂

甲乙双方为了实现合作共赢的理念，现协议如下：

（1）乙方以货币资金向甲方投资 120 万元，签订合同之日交付资金。

（2）以乙方实际投资额 120 万元作为甲方实收其资本。

（3）未经甲方同意，乙方不得随意抽回投资。

甲方（盖章）：方羽有限责任公司

法人代表：姜德睿

日期：2017 年 07 月 01 日

乙方（盖章）：西安劲风机械厂

法人代表：王进之

日期：2017 年 07 月 01 日

收　款　收　据

2017 年 07 月 01 日　　　　No. 1012122

交款单位名称（或姓名）	西安劲风机械厂
摘　　要	收到投资款
人　民　币	壹佰贰拾万元整　　　　¥1 200 000. 00
备　　注	转账收讫

第三联　记账联

会计：张文　　　　出纳：王琳　　　　经手人：汪森

中国建设银行进账单（收账通知）

2017 年 07 月 01 日　　　　No. 3533

<table>
<tr><td rowspan="3">付款人</td><td>全　称</td><td>西安劲风机械厂</td><td rowspan="3">收款人</td><td>全　称</td><td>方羽有限责任公司</td></tr>
<tr><td>账　号</td><td>6102604804524597423</td><td>账　号</td><td>6100197004105222863</td></tr>
<tr><td>开户银行</td><td>中国工商银行西安分行城北支行</td><td>开户银行</td><td>中国建设银行西安莲湖路支行</td></tr>
<tr><td colspan="2">人民币（大写）</td><td colspan="2">壹佰贰拾万元整</td><td colspan="2">千 百 十 万 千 百 十 元 角 分
¥ 1 2 0 0 0 0 0 0 0</td></tr>
<tr><td colspan="2">票据种类</td><td>转账支票</td><td colspan="3" rowspan="3">中国建设银行西安莲湖路支行
2017年7月1日
转讫
收款人开户行签章</td></tr>
<tr><td colspan="2">票据张数</td><td>1 张</td></tr>
<tr><td colspan="3">单位主管　靳云　　会计　吴成
复核　王芳　　记账　司倩</td></tr>
</table>

2. 7 月 2 日，银行借款。

中国工商银行短期借款合同

合同单位：

中国工商银行西安市支行　　　　（以下简称贷款方）

方羽有限责任公司　　　　（以下简称借款方）

为明确各自责任，严守合同，特签订本合同，双方共同信守。

一、贷款种类：工业企业流动资金借款

二、借款金额：伍拾万元整

三、借款用途：采购原材料

四、借款利率：月利率为千分之五，按季结息付息，最后还本

五、借款期限：借款自二〇一七年七月一日到二〇一八年一月一日止

六、还款资金来源：主营业务收入

七、还款方式：转账

八、违约责任：（略）

本合同经双方签字后生效，贷款本息全部偿付后失效。

本合同一式两份，贷款方、借款方各执一份，合同副本四份，报送有关单位各留存一份。

贷款方：中国工商银行西安市支行　　　　借款方：方羽有限责任公司

法人代表：张雷

2017 年 07 月 01 日

法人代表：姜德睿

2017 年 07 月 01 日

中国工商银行借款借据（收账通知）

借款企业名称：方羽有限责任公司　　2017 年 07 月 01 日　　No. 3006

贷款种类	流动资金借款	贷款账号	151	存款账号	151022020902210667 8
借款金额	人民币（大写）伍拾万元整				亿 千 百 十 万 千 百 十 元 角 分 ¥ 5 0 0 0 0 0 0 0
借款用途：流动资金周转					
约定还款期：6 个月		期限 2017 年 07 月 01 日于 2018 年 01 月 01 日到期			
上列借款已批准发放，转放你单位存款账户。 此致 单位 （银行签章） 中国工商银行西安市支行 2017年7月2日 业务章		单位分录： （借） （贷） 主管　汲铮　　会计　刘炳明 复核　谢聪利　记账　唐辉 2017 年 07 月 01 日			

此联转账后退还借款单位

3. 7 月 3 日，向东风电机冲片厂购买材料，对方代垫运费。

江苏省增值税专用发票

全国统一发票监制章 江苏 发票联 国家税务局监制

140004451X　　No. 531069258X

开票日期：2017 年 07 月 01 日

购货单位	名　　称：方羽有限责任公司 纳税人识别号：610200388666666 地 址 、电 话：西安市莲湖路 379 号 029－87336264 开户行及账号：中国建设银行西安莲湖路支行 6100197004105222286 3			密码区	03 >8 >/+32 + </44/∗649 － －5 > －4059 72 －3/+ －32 +5 +6/ +9 ∗6 <3 <56/2/51 38 +0393 － < －7 >771 ∗9/－ <87 <79 +91 /∗∗ >/7/4 ∗501 ∗－6019 －76/2 <8925		
货物或应税劳务的名称	规格型号	单位	数量	单价	金额	税率	税额
定转子冲片		片	20 000	10.9	218 000	17%	37 060
300C 电机		台	20	15 900	318 000		54 060
合计					¥536 000		¥91 120
价税合计（大写）	零仟零佰陆拾贰万柒仟壹佰贰拾零元零角零分						¥627 120.00
销货单位	名　　称：东风电机冲片厂 纳税人识别号：320006110115687 地 址 、电 话：江苏常州定安西路 77 号 0519－6564783 开户行及账号：中国农业银行常州市武进支行 6228186860805326757			备注	东风电机冲片厂 320006110115687 发票专用章		

收款人：　　复核：张敏　　开票人：王丽　　销货单位（章）：

第三联 发票联 付款方记账凭证

江苏省增值税专用发票

全国统一发票监制章　江苏　国家税务局监制

抵扣联

140004451X　　　　No. 531069258X

开票日期：2017 年 07 月 01 日

购货单位	名　　称：方羽有限责任公司 纳税人识别号：610200388666666 地 址 、电 话：西安市莲湖路 379 号 029－87336264 开户行及账号：中国建设银行西安莲湖路支行 61001970041052222863	密码区	03 >8 >/+32 +</44/∗649 −−5 >−4059 72 −3/+ −32 +5 +6/ +9 ∗6 <3 <56/2/51 38 +0393 −<−7 >771 ∗9/−<87 <79 +91 /∗∗ >/7/4 ∗501 ∗−6019 −76/2 <8925

货物或应税劳务的名称	规格型号	单位	数量	单价	金额	税率	税额
定转子冲片		片	20 000	10.9	218 000	17%	37 060
300C 电机		台	20	15 900	318 000		54 060
合计					¥536 000		¥91 120
价税合计（大写）	零仟零佰陆拾贰万柒仟壹佰贰拾零元零角零分						¥627 120.00

销货单位	名　　称：东风电机冲片厂 纳税人识别号：320006110115687 地 址 、电 话：江苏常州定安西路 77 号 0519－6564783 开户行及账号：中国农业银行常州市武进支行 6228186860805326757	备注	东风电机冲片厂　320006110115687　发票专用章

收款人：　　　复核：张敏　　　开票人：王丽　　　销货单位（章）：

第二联　抵扣联　付款方抵扣凭证

货物运输业增值税专用发票

全国统一发票监制章　陕西　国家税务局监制

抵扣联

No. 67013943732

开票日期：2017 年 07 月 03 日

承运人及纳税人识别号	精通物流有限责任公司 610700741259917	密码区	03 >8 >/+32 +</44/∗649 −−5 >−4059 72 −3/+ −32 +5 +6/ +9 ∗6 <3 <56/2/51 38 +0393 −<−7 >771 ∗9/−<87 <79 +91 /∗∗ >/7/4 ∗501 ∗−6019 −76/2 <8925
实际受票方及纳税人识别号	方羽有限责任公司 610200388666666		
收货人及纳税人识别号	方羽有限责任公司 610200388666666	发货人及纳税人识别号	东风电机冲片厂 320006110115687
起运地、经由、到达地	常州至西安		
费用项目及金额	费用项目：运费　数量：11　单位：1 000.00　金额：11 000.00	运输货物信息	电机 20 箱，冲片 1 箱
合计金额	¥11 000.00　税率 11%　税额 1 210		
价税合计（大写）	壹万贰仟贰佰壹拾元整		（小写）¥12 210.00
车种车号		车船吨位	
主管税务机关及代码	常州市武进区地方税务局 2140109	备注	精通物流有限责任公司　32000611019976　发票专用章

收款人：王红　　　复核：白雪　　　开票人：田和　　　承运人（章）：

第二联　抵扣联　付款方凭证

货物运输业增值税专用发票

全国统一发票监制章 陕西 发票联 国家税务局监制

No. 67013943732

开票日期：2017 年 07 月 03 日

<table>
<tr><td>承运人及纳税人识别号</td><td colspan="3">精通物流有限责任公司
610700741259917</td><td rowspan="2">密码区</td><td colspan="3" rowspan="2">03 >8 >/+32 +</44/∗649 − −5 > −4059
72 −3/+ −32 +5 +6/ +9 ∗6 <3 <56/2/51
38 +0393 −< −7 >771 ∗9/ −<87 <79 +91
/∗∗ >/7/4 ∗501 ∗ −6019 −76/2 <8925</td></tr>
<tr><td>实际受票方及纳税人识别号</td><td colspan="3">方羽有限责任公司
610200388666666</td></tr>
<tr><td>收货人及纳税人识别号</td><td colspan="3">方羽有限责任公司
610200388666666</td><td colspan="2">发货人及纳税人识别号</td><td colspan="2">东风电机冲片厂
320006110115687</td></tr>
<tr><td colspan="3">起运地、经由、到达地</td><td colspan="5">常州至西安</td></tr>
<tr><td>费用项目及金额</td><td colspan="3">费用项目　数量　单位　金额
运费　11　1 000.00　11 000.00</td><td colspan="2">运输货物信息</td><td colspan="2">电机 20 箱，冲片 1 箱</td></tr>
<tr><td>合计金额</td><td>¥11 000.00</td><td>税率</td><td>11%</td><td>税额</td><td>1 210</td><td></td><td></td></tr>
<tr><td>价税合计（大写）</td><td colspan="7">壹万贰仟贰佰壹拾元整　　（小写）¥12 210.00</td></tr>
<tr><td>车种车号</td><td></td><td>车船吨位</td><td></td><td rowspan="2">备注</td><td colspan="3" rowspan="2">精通物流有限责任公司 32000611019976 发票专用章</td></tr>
<tr><td>主管税务机关及代码</td><td colspan="3">常州市武进区地方税务局 2140109</td></tr>
</table>

第三联 发票联 受票方记账凭证

收款人：王红　　复核：白雪　　开票人：田和　　承运人（章）：

采购费分配表

2017 年 07 月 03 日

原材料	采购费	数量（箱）	分配率	分配额
定转子冲片		1		
300C 电机		10		
合计	11 000	11		

复核：陈平　　制表：张文

4. 7 月 5 日，购买材料。

陕西省增值税专用发票

6100067855X　　（全国统一发票监制章 陕西 国家税务局监制）发票联　　No. 10696743X

开票日期：2017 年 07 月 05 日

购货单位		密码区
名　　称：方羽有限责任公司 纳税人识别号：610200388666666 地 址 、电 话：西安市莲湖路 379 号 029 - 87336264 开户行及账号：中国建设银行西安莲湖路支行 6100197004105222 2863		03 > 8 > / + 32 + < /44/ * 649 - - 5 > - 4059 72 - 3/ + - 32 + 5 + 6/ + 9 * 6 < 3 < 56/2/51 38 + 0393 - < - 7 > 771 * 9/ - < 87 < 79 + 91 / * * > /7/4 * 501 * - 6019 - 76/2 < 8925

货物或应税劳务的名称	规格型号	单位	数量	单价	金额	税率	税额
轴承		套	50	6 300	315 000	17%	53 550
合计					¥315 000. 00		¥53 550. 00
价税合计（大写）	零仟零佰叁拾陆万捌仟伍佰伍拾零元零角零分						¥368 550. 00

销货单位	备注
名　　称：维赛轴承有限公司 纳税人识别号：610197388235612 地 址 、电 话：西安市星火路 33 号 029 - 86573622 开户行及账号：建设银行城北支行 6100186860805326 7579	维赛轴承有限公司 610197388235612 发票专用章

收款人：　　复核：金阳　　开票人：李山　　销货单位（章）：

第三联 发票联 付款方记账凭证

陕西省增值税专用发票

6100067855X　　（全国统一发票监制章 陕西 国家税务局监制）抵扣联　　No. 10696743X

开票日期：2017 年 07 月 05 日

购货单位		密码区
名　　称：方羽有限责任公司 纳税人识别号：610200388666666 地 址 、电 话：西安市莲湖路 379 号 029 - 87336264 开户行及账号：中国建设银行西安莲湖路支行 6100197004105222 2863		03 > 8 > / + 32 + < /44/ * 649 - - 5 > - 4059 72 - 3/ + - 32 + 5 + 6/ + 9 * 6 < 3 < 56/2/51 38 + 0393 - < - 7 > 771 * 9/ - < 87 < 79 + 91 / * * > /7/4 * 501 * - 6019 - 76/2 < 8925

货物或应税劳务的名称	规格型号	单位	数量	单价	金额	税率	税额
轴承		套	50	6 300	315 000	17%	53 550
合计					¥315 000. 00		¥53 550. 00
价税合计（大写）	零仟零佰叁拾陆万捌仟伍佰伍拾零元零角零分						¥368 550. 00

销货单位	备注
名　　称：维赛轴承有限公司 纳税人识别号：610197388235612 地 址 、电 话：西安市星火路 33 号 029 - 86573622 开户行及账号：建设银行城北支行 6100186860805326 7579	维赛轴承有限公司 610197388235612 发票专用章

收款人：　　复核：金阳　　开票人：李山　　销货单位（章）：

第二联 抵扣联 付款方抵扣凭证

收　料　单

收料仓库：原材料库　　2017 年 07 月 05 日　　收料单编号：170701

材料名称	单位	数量		单价	材料金额	运杂费	合计（实际成本）	实际单价
		应收数	实收数					
轴承	个	50	50	6 300	315 000		315 000	6 300
合计					315 000		315 000	
供货单位	维赛轴承有限公司	结算办法	转账	合同号		170733		
备注								

此联由财务部门记账用

主管：邓旭佳　　质量检验员：颜颇　　入库验收：王伟　　仓库保管：王江

5. 7 月 8 日，材料入库。

收　料　单

收料仓库：原材料库　　2017 年 07 月 08 日　　收料单编号：170702

材料名称	单位	数量		单价	材料金额	运杂费	合计（实际成本）	实际单价
		应收数	实收数					
电机定转子冲片	片	20 000	20 000	10.9	218 000	1 000	219 000	10.95
300C 电机	台	20	20	15 900	318 000	10 000	328 000	16 400
合计					536 000	11 000	547 000	
供货单位	东风电机冲片厂	结算办法	网银转账	合同号		130511		
备注								

此联由财务部门记账用

主管：邓旭佳　　质量检验员：颜颇　　入库验收：王伟　　仓库保管：王江

6. 7 月 9 日，综合办公室杨慧预借款 3 000 元出差。

出差申请表

填表时间：2017 年 07 月 09 日

申请人	姓名	杨慧	同行者	姓名	
	职务			职务	
出差目的地	北京	主要交通工具	☑飞机　□火车　□汽车		
计划出差时间	2017 年 07 月 10 日至 2017 年 07 月 12 日共 3 天				
出差事由	技术交流				
预借款项	有　3 000　元		部门负责人审核	李浩	
			财务签批	陈平	
	无		总经理核准	姜德睿	

借　款　单

2017 年 07 月 09 日　　No. 0031

部门	综合办公室		借款人	杨慧	
借款金额	金额（大写）叁仟元整			¥3 000.00	
借款事由	技术交流				
财务主管	陈平	出纳	王琳	借款人签字	杨慧

现金付讫

7. 7 月 10 日，银行转来的扣税凭证。

建设银行电子缴税付款凭证

扣款日期：2017 年 07 月 10 日　　清算日期：2017 年 07 月 15 日　　凭证序号：000324446

纳税人全称及纳税人识别号：方羽有限责任公司　　610200388666666
付款人全称：方羽有限责任公司
付款人账号：61001970041052222863　　征收机关名称：西安市国家税务局莲湖区分局
付款人开户银行：中国建设银行西安莲湖路支行　　收款国库：莲湖区支库
小写（合计）金额：¥95 167.00　　缴款书交易流水号：02567755
大写（合计）金额：玖万伍仟壹佰陆拾柒元整　　税票号码：2017050001697

项目	所属期间	缴费合计	备注
增值税	20170601 ~ 20170630	¥59 500.00	国税
所得税	20170601 ~ 20170630	¥35 667.00	国税

中国建设银行西安莲湖路支行
2017年7月10日
受理凭证专用章

第 1 次打印　　打印时间：2017 - 07 - 10　09：12：56　　财务日期：20170710

第二联：作付款回单（无银行办讫章无效）　　复核　　记账

建设银行电子缴税付款凭证

扣款日期：2017 年 07 月 10 日　　清算日期：2017 年 07 月 15 日　　凭证序号：000324447

纳税人全称及纳税人识别号：方羽有限责任公司　610200388666666
付款人全称：方羽有限责任公司
付款人账号：61001970041052222863　　征收机关名称：西安市地方税务局莲湖区分局
付款人开户银行：中国建设银行西安莲湖路支行　　收款国库：莲湖区支库
小写（合计）金额：¥7 140.00　　缴款书交易流水号：02567756
大写（合计）金额：柒仟壹佰肆拾元整　　税票号码：2017050001584593

项目	所属期间	缴费合计	备注
城市建设维护税	20170601 ~ 20170630	¥4 165.00	地税
教育费附加	20170601 ~ 20170630	¥1 785.00	地税
地方教育费附加	20170601 ~ 20170630	¥1 190.00	地税

中国建设银行西安莲湖路支行
2017年7月10日
受理凭证专用章

第 1 次打印　　打印时间：2017 - 07 - 10　09：12：56　　财务日期：20170710

第二联：作付款回单（无银行办讫章无效）　　复核　　记账

8. 7 月 11 日，提取现金 6 000 元。

中国建设银行
现金支票存根（　）

$\frac{A}{0}\frac{B}{2}$ 10561

附加信息

出票日期 2017 年 07 月 11 日
收款人：方羽有限责任公司
金额：¥6 000.00
用途：备用金

单位主管：陈平　　会计：张文

9. 7 月 12 日，计算本月工资。

职工工资计算表

2017 年 07 月 12 日

职员编号	职员姓名	所属部门	人员类别	基本工资	应扣工资	应付工资
004	梁朔	销售部	销售人员	3 100		3 100
005	张建荣	销售部	销售人员	3 200		3 200
……	……	……	……	……	……	……
合计		销售部	销售人员			20 000
013	郭远航	生产车间	管理人员	3 400		3 400
014	王伟	生产车间	管理人员	3 200		3 200
……	……	……	……	……	……	……
合计		生产车间	管理人员			100 000
001	姜德睿	厂办	管理人员	3 500		3 500
002	李浩	厂办	管理人员	3 200		3 200
003	杨慧	厂办	管理人员	2 800		2 800
……	……	……	……	……	……	……
合计			管理人员			40 000
015	郭杰	生产车间	生产 315 人员	3 000		3 000
016	李欢欢	生产车间	生产 315 人员	3 000		3 000
……	……	……	……	……	……	……
合计		生产车间	生产 315 人员			250 000
031	王伟	生产车间	生产 316 人员	3 000		3 000
032	张力	生产车间	生产 316 人员	3 000		3 000
……	……	……	……	……	……	……
合计		生产车间	生产 316 人员			70 000
总计						480 000

复核：陈平　　　　　　　　制表：张文

工资计算汇总表

2017 年 07 月 12 日

职员类别	应付工资	应扣工资	实付工资
厂部管理人员			
销售人员			
车间管理人员			
生产 315 变频电机工人			
生产 316 变频电机工人			
合计			

10. 7 月 15 日，通过银行代发工资。

职工工资发放表

2017 年 07 月 15 日

职员编号	职员姓名	所属部门	人员类别	应付工资	应扣工资	实付工资
001	姜德睿	厂办	管理人员	3 500		3 500
002	李浩	厂办	管理人员	3 200		3 200
003	杨慧	厂办	管理人员	2 800		2 800
004	梁朔	销售部	销售人员	3 100		3 100
005	张建荣	销售部	销售人员	3 200		3 200
……	……	……	……	……	……	……
总计						480 000

复核：陈平　　　　　　　　制表：张文

中国建设银行
转账支票存根 （ ）

$\frac{A}{0}\frac{B}{2}$ 10224

附加信息

出票日期 2017 年 07 月 15 日 收款人：方羽有限责任公司
金额：￥480 000. 00
用途：支付工资

单位主管：陈平 会计：张文

11. 7 月 16 日，杨慧报销差旅费。

差旅费报销单

部门：厂办 2017 年 07 月 16 日 No. 20130601

报销人			文正熙		出差事由		技术交流			
日期	出发地	到达地	市内交通补助		伙食补贴		车（船）票	出差补贴	住宿费	合计金额
			天数	金额	天数	金额				
7. 10	西安	北京	1	20			870	100	200	1 190
7. 11	北京		1	20				100	200	320
7. 12	北京	西安	1	20			870	100		990
合计				60			1 740	300	400	2 500
报销金额合计人民币（大写）：贰仟伍佰元整										
预借金额：￥3 000. 00					结余（超支）：￥500. 00					
单位领导		姜德睿			会计主管			陈平		
出纳		王琳			审核			张文		

附单据叁张

航空运输电子客票行程单

印刷序号：100000040

票客姓名：杨慧			有效身份证件号码：610324198302130056			签注：不得签转变更退票收费		
	承运人	航班号	座位等级	日期	时间	客票级别/类票类别	客票生效日期	有效截止日期	免费行李
FROM 西安 TO 北京	国航	CA1306	Y	20170710	11：45	Y			
	票价 820.00		机场建设费 50.00		合计 870.00				
电子客票号码 78459667470501			验证码 405607		提示信息 CA1306 乘机		保险费 00.00		
销售单位代码 CTU123 293847203			填开单位：高山流水航空票务服务责任有限公司				填开日期 2017－07－12		

航空运输电子客票行程单

印刷序号：100000078

票客姓名：杨慧			有效身份证件号码：610324198302130056			签注：不得签转变更退票收费			
	承运人	航班号	座位等级	日期	时间	客票级别/类票类别	客票生效日期	有效截止日期	免费行李
FROM 北京 TO 西安	国航	CA1306	Y	20170712	12：30	Y			
	票价 820.00		机场建设费 50.00		合计 870.00				
电子客票号码 78459667475678			验证码 235487		提示信息 CA1307 乘机		保险费 00.00		
销售单位代码 CTU123 293847203			填开单位：高山流水航空票务服务责任有限公司				填开日期 2017－07－12		

北京增值税普通发票

（印章：全国统一发票监制章 北京 国家税务局监制）　发票联

51145625238　　　　No. 31418720

校验码 83216 42018 27713 10763　　　　开票日期：2017 年 07 月 12 日

购货单位	名　　称：方羽有限责任公司 纳税人识别号：610200388666666 地 址 、电 话：西安市莲湖路 379 号 029－87336264 开户行及账号：中国建设银行西安莲湖路支行 61001970041052222863	密码区	03 >8 >/+32 +</44/*649 --5 >-4059 72 -3/+-32 +5 +6/ +9 *6 <3 <56/2/51 38 +0393 -<-7 >771 *9/-<87 <79 +91 /** >/7/4 *501 *-6019 -76/2 <8925

货物或应税劳务的名称	规格型号	单位	数量	单价	金额	税率	税额
住宿费				415. 09	415. 09	6%	24. 91
合计					¥415. 09		¥24. 91
价税合计（大写）	人民币肆佰肆拾元整						¥440. 00

销货单位	名　　称：北京和平里宾馆有限公司 纳税人识别号：110101101211296 地 址 、电 话：北京市东城区兴化路 010－64286868 开户行及账号：中国建设银行东城区支行 61001567407204567765	备注	（印章：北京和平里宾馆有限公司 110101101211296 发票专用章）

收款人：张乐　　复核：张想　　开票人：苏薇　　销货单位（章）：

第二联 发票联 购买方记账凭证

收　款　收　据

2017 年 07 月 16 日　　　　No. 1012134

交款单位名称

（或姓名）　杨慧

摘　　要　退回差旅费余款

人 民 币　伍佰元整　　¥500. 00

备　　注　原借 3 000. 00，报销 2 500. 00，退回 500. 00

（印章：现金收讫）

会计：张文　　出纳：王琳　　经手人：杨慧

12. 7月17日，报销费用。

费用报销单

报销部门：销售部门　　2017年07月17日　　No. 1311

报销人	邱有波			费用项目		车辆耗费
部门负责人审核	情况属实 梁朔 2017年07月17日			财务部审核		额度合理，票据合法。 陈平 2017年07月17日
公司领导签字	同意 姜德睿 2017年07月17日					
报销金额	人民币（大写）贰仟元整					¥2 000.00
出纳	王琳	复核人	张文	经手人		邱有波

现金付讫

附单据壹张

陕西增值税普通发票

全国统一发票监制章 陕西 发票联 国家税务局监制

61145625238　　No. 21418560

校验码 12216 42018 27713 10741　　开票日期：2017年07月17日

购货单位	名称：方羽有限责任公司 纳税人识别号：610200388666666 地址、电话：西安市莲湖路379号 029－87336264 开户行及账号：中国建设银行西安莲湖路支行 61001970041052222863	密码区	03>8>/+32+</44/*649－－5>－4059 72－3/+－32+5+6/+9*6<3<56/2/51 38+0393－<－7>771*9/－<87<79+91 /**>/7/4*501*－6019－76/2<8925

货物或应税劳务的名称	规格型号	单位	数量	单价	金额	税率	税额
92车用汽油		升	289.73	5.90	1 709.40	6%	290.60
合计					¥1 709.40		¥290.60
价税合计（大写）	人民币贰仟元整						¥2 000.00

销货单位	名称：延长壳牌石油有限公司 纳税人识别号：610000681575394 地址、电话：西安市高新区锦业路1号 029－62220800 开户行及账号：中国建设银行东城区支行 61001567407204567765	备注	延长壳牌石油有限公司 610000681575394 发票专用章

收款人：王娟　　复核：苏珊　　开票人：赵娜　　销货单位（章）：

第二联 发票联 购买方记账凭证

13. 7 月 18 日，销售 315 型变频电机。

陕西省增值税专用发票

（全国统一发票监制章　陕西　国家税务局监制）

记账联

6100056788X　　　　　　　　No. 10687755X

开票日期：2017 年 07 月 18 日

购货单位	名　　称：德奥动力设备公司 纳税人识别号：342524000004198 地 址 、电 话：安徽合肥芜湖路 32 号 0551－2874516 开户行及账号：中国工商银行合肥市包河区支行 1302010109024930814			密码区	03 >8 >/+32 +</44/*649 – –5 >–4059 72 –3/+ –32 +5 +6/ +9 *6 <3 <56/2/51 38 +0393 – <–7 >771 *9/– <87 <79 +91 /** >/7/4 *501 *–6019 –76/2 <8925		
货物或应税劳务的名称	规格型号	单位	数量	单价	金额	税率	税额
变频电机	315 型	台	15	100 000	1 500 000	17%	255 000
合计					¥1 500 000. 00		¥255 000. 00
价税合计（大写）	零仟壹佰柒拾伍万伍仟零佰零拾零元零角零分						¥1 755 000. 00
销货单位	名　　称：方羽有限责任公司 纳税人识别号：610200388666666 地 址 、电 话：西安市莲湖路 379 号 029－87336264 开户行及账号：中国建设银行西安莲湖路支行 61001970041052222863			备注	（方羽有限责任公司　610200388666666　发票专用章）		

收款人：　　　　复核：张文　　　　开票人：王琳　　　　销货单位（章）：

第一联　记账联　销货方记账凭证

14. 7 月 19 日，转账支票支付维赛轴承有限公司货款。

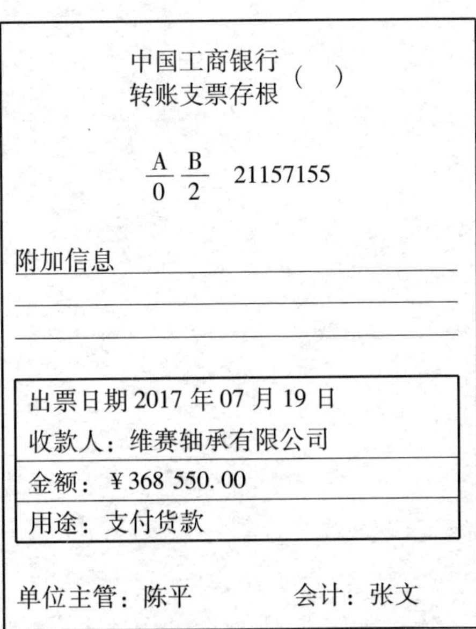

中国工商银行
转账支票存根（　）

$\frac{A}{0}\frac{B}{2}$ 21157155

附加信息

出票日期 2017 年 07 月 19 日

收款人：维赛轴承有限公司

金额：¥368 550. 00

用途：支付货款

单位主管：陈平　　　　会计：张文

15. 7 月 22 日，支付并计算分配本月电费。

委电　　委托收款凭证（付款通知）　　托收号码：No. 25

委托日期：2017 年 07 月 20 日　　付款期限 2017 年 07 月 22 日

付款人	全　称	方羽有限责任公司	收款人	全　称	西安市供电局
	账　号	61001970041052222863		账　号	1102029988887765432
	开户银行	中国建设银行西安莲湖路支行		开户银行	中国工商银行西安市兴庆路支行
托收金额人民币（大写）叁万捌仟肆佰零拾伍元贰角伍分				千百十万千百十元角分	¥ 3 8 4 0 5 2 5
款项名称	应付电费	委托收款凭据名称	发票	附寄单证张数	2 张
备注：	付款人注意： 1. 根据结算办法规定办理委托收款，在付款期限内未拒付时，将视同同意付款。 2. 如需提前付款或多付款时，应另写书面通知送银行办理。 3. 如系全部拒付或部分拒付，应在付款期限内另填拒付款理由书送银行办理。				

中国建设银行西安莲湖路支行　2017年7月22日　受理凭证专用章

第三联：付款方记账凭证

陕西省增值税专用发票

610004451X　　No. 451067559X

全国统一发票监制章　陕西　国家税务局监制　发票联

开票日期：2017 年 07 月 20 日

购货单位	名　　称：方羽有限责任公司 纳税人识别号：610200388666666 地 址 、电 话：西安市莲湖路 379 号 029－87336264 开户行及账号：中国建设银行西安莲湖路支行 61001970041052222863	密码区	03 >8 >/+32 +</44/*649 --5 >-4059 72 -3/+-32 +5 +6/ +9 *6 <3 <56/2/51 38 +0393 -<-7 >771 *9/-<87 <79 +91 /** >/7/4 *501 *-6019 -76/2 <8925

货物或应税劳务的名称	规格型号	单位	数量	单价	金额	税率	税额
电费	居民用电	度	8 875	0.8	7 100	17%	1 207
电费	工业用电	度	24 500	1.05	25 725		4 373.25
合计					¥32 825.00		¥5 580.25
价税合计（大写）	零仟零佰零拾叁万捌仟肆佰零拾伍元贰角伍分						¥38 405.25

销货单位	名　　称：西安市供电局 纳税人识别号：610006110115687 地 址 、电 话：西安市环城东路 159 号 029－83302222 开户行及账号：中国工商银行西安市兴庆路支行 1102029988887765432	备注	西安市供电局 610006110115687 发票专用章

收款人：　　复核：肖玉　　开票人：田苗　　销货单位（章）：

第三联　发票联　付款方记账凭证

陕西省增值税专用发票

（印章：全国统一发票监制章　陕西　国家税务局监制）　抵扣联

610004451X　　　　No. 451067559X

开票日期：2017 年 07 月 20 日

购货单位	名　　称：方羽有限责任公司 纳税人识别号：610200388666666 地 址 、电 话：西安市莲湖路 379 号 029－87336264 开户行及账号：中国建设银行西安莲湖路支行 61001970041052222863	密码区	03>8>/+32+</44/*649－－5>－4059 72－3/+－32+5+6/+9*6<3<56/2/51 38+0393－<－7>771*9/－<87<79+91 /**>/7/4*501*－6019－76/2<8925

货物或应税劳务的名称	规格型号	单位	数量	单价	金额	税率	税额
电费	居民用电	度	8 875	0.8	7 100	17%	1 207
电费	工业用电	度	24 500	1.05	25 725		4 373.25
合计					¥32 825.00		¥5 580.25
价税合计（大写）	零仟零佰零拾叁万捌仟肆佰零拾伍元贰角伍分						¥38 405.25

销货单位	名　　称：西安市供电局 纳税人识别号：610006110115687 地 址 、电 话：西安市环城东路 159 号 029－83302222 开户行及账号：中国工商银行西安市兴庆路支行 1102029988887765432	备注	（印章：西安市供电局 610006110115687 发票专用章）

收款人：　　复核：肖玉　　开票人：田苗　　销货单位（章）：

第二联　抵扣联　付款方抵扣凭证

电费计算表

2015 年 07 月 22 日

受益部门		耗用量（千瓦/时）	单价	金额
车间	315 变频电机用电	19 500	1.05	20 475
	316 变频电机用电	5 000	1.05	5 250
	照明用电	4 875	0.8	3 900
管理部门		3 000	0.8	2 400
销售部门		1 000	0.8	800
合计				32 825

复核：陈平　　制表：张文

16. 7 月 23 日，收到货款。

中国建设银行电子汇划进账凭证

2017 年 07 月 23 日　　　　No. 3287

付款人			收款人		
付款人	全　称	德奥动力设备公司	收款人	全　称	方羽有限责任公司
	账　号	1302010109024930814		账　号	6100197004105222863
	开户银行	中国工商银行合肥市包河区支行		开户银行	中国建设银行西安莲湖路支行

人民币（大写）	千	百	十	万	千	百	十	元	角	分
柒拾伍万伍仟元整		¥	7	5	5	0	0	0	0	0

备注：货款	收款人开户行盖章

中国建设银行西安莲湖路支行
2017年7月23日
转讫

17. 7 月 24 日，归还货款。

中国建设银行电子转账凭证

2017 年 07 月 24 日　　　　No. 7349

付款人			收款人		
付款人	全　称	方羽有限责任公司	收款人	全　称	东风电机冲片厂
	账　号	6100197004105222863		账　号	6228186860805326757 9
	开户银行	中国建设银行西安莲湖路支行		开户银行	中国农业银行常州市武进支行

人民币（大写）	千	百	十	万	千	百	十	元	角	分
陆拾叁万玖仟叁佰叁拾元整		¥	6	3	9	3	3	0	0	0

备注：货款	付款人开户行盖章

中国建设银行西安莲湖路支行
2017年7月24日
转讫

18. 7 月 25 日，计算本月税费。

税费计算表

2017 年 07 月 单位：元

税（费）种	计税基数	税（费）率	税（费）额
城市维护建设税			
教育费附加			
地方教育费附加			
合计			

复核：陈平 制表：张文

19. 7 月 26 日，领料汇总。

领 料 单

2017 年 07 月 09 日

领料单位：车间 发料仓库：1 号仓库

品名	单位	数量	用途	单位成本	领料成本	领料人
电机定转子冲片	片	6 800	生产变频电机 315 型	10.95 元/片		于博
轴承	个	20	生产变频电机 315 型	6 300 元/个		于博
转子	个	7	生产变频电机 315 型	7 300 元/个		于博
300C 电机	台	7	生产变频电机 315 型	16 400 元/台		于博
耐磨润滑油	升	100	车间机器设备	15 元/升		于博

车间审批：郭远航 保管员：王江

领 料 单

2017 年 07 月 18 日

领料单位：车间 发料仓库：1 号仓库

品名	单位	数量	用途	单位成本	领料成本	领料人
电机定转子冲片	片	11 100	生产变频电机 316 型	10.95 元/片		于博
轴承	个	26	生产变频电机 316 型	6 300 元/个		于博
转子	个	12	生产变频电机 316 型	7 300 元/个		于博
300C 电机	台	11	生产变频电机 316 型	16 400 元/台		于博
耐磨润滑油	升	30	车间机器设备	15 元/升		于博

领料汇总表

2017 年 07 月 26 日

领料单位：车间　　　　　　　　　　　　　　　　发料仓库：1 号仓库

用途 材料	电机定转子冲片	轴承	转子	300C 电机	耐磨润滑油	合计
生产变频电机 315 型						
生产变频电机 316 型						
车间机器设备						
合计						

复核：陈平　　　　　　　　　　　　　　　　制表：张文

20. 7 月 29 日，归还建行借款本息并计算本期建行借款利息。

中国建设银行计收利息清单（支款通知）

2017 年 07 月 29 日

<table>
<tr><td colspan="2">户名</td><td colspan="2">方羽有限责任公司</td><td>账号</td><td colspan="2">61001970041052222863</td></tr>
<tr><td colspan="2">计息起止时间</td><td colspan="4">2017－01－29 至 2017－07－029</td><td rowspan="5">左列贷款利息业已从你单位账户扣付，逾期罚息 0.21%。

转账日期
2017 年 07 月 29 日</td></tr>
<tr><td rowspan="4">贷款种类</td><td>贷款账号</td><td>计息日贷款余额</td><td>计息积数</td><td>年利率</td><td>计收利息金额</td></tr>
<tr><td>周转借款</td><td>1 000 000</td><td>180 000 000</td><td>6%</td><td>30 000. 00</td></tr>
<tr><td></td><td></td><td></td><td></td><td></td></tr>
<tr><td></td><td></td><td></td><td></td><td></td></tr>
<tr><td colspan="4">利息金额
人民币（大写）：叁万元整</td><td colspan="2">十 万 千 百 十 元 角 分
¥ 3 0 0 0 0 0 0</td><td></td></tr>
</table>

中国建设银行西安莲湖路支行
2017年7月29日
转讫

复核：　　　　　　　　　　　　　　　　记账：

中国建设银行贷款还款凭证

贷款种类：周转贷款　　　　2017 年 07 月 29 日　　　　第 29 号

<table>
<tr><td rowspan="3">还款单位</td><td>名　　称</td><td colspan="3">方羽有限责任公司</td></tr>
<tr><td>付款账号</td><td>61001970041052222863</td><td>贷款账号</td><td>61001970041052222020</td></tr>
<tr><td>开户银行</td><td>中国建设银行西安莲湖路支行</td><td>开户银行</td><td>中国建设银行西安莲湖路支行</td></tr>
<tr><td colspan="2">本次还款金额</td><td colspan="2">人民币
（大写）</td><td>千 百 十 万 千 百 十 元 角 分
¥ 1 0 0 0 0 0 0 0 0</td></tr>
<tr><td colspan="2">摘要</td><td>归还短期周转贷款</td><td>累计还款</td><td>1 000 000. 00</td></tr>
<tr><td colspan="3">上述借款额请从本单位存款户中支付
（还款单位盖章）
2017 年 07 月 29 日</td><td colspan="2">（银行会计部门盖章）
2017 年 07 月 29 日</td></tr>
</table>

方羽有限责任公司 财务专用章

姜睿德印

中国建设银行西安莲湖路支行 2017年7月29日 转讫

利息费用计算表

2017 年 07 月 30 日　　　　单位：元

计息基数	月利率（%）	应计利息
1 000 000	0. 5	

复核：陈平　　　　制表：张文

21. 7 月 29 日，计算本月折旧。

固定资产折旧计算表

2017 年 07 月

资产名称	原值	使用部门	使用寿命（月数）	已折旧月数	折旧方法	残值率	月折旧额
办公楼	4 500 000	管理部门	240	123	直线法	3%	
机器设备	10 800 000	生产部门	120	50	直线法	5%	
小汽车	120 000	管理部门	48	20	直线法	5%	
运输汽车	228 000	销售部门	48	38	直线法	5%	
电子设备	36 000	管理部门	36	10	直线法	3%	
电子设备	9 900	销售部门	36	10	直线法	3%	
合计							

复核：陈平　　　　　　　　　　　　　　　　　　制表：张文

22. 7 月 29 日，结转制造费用（按照两种生产工人工资分配）。

制造费分配表

2017 年 07 月 29 日

产品	生产工人工资	分配率	分配额
315 型变频电机			
316 型变频电机			
合计			

复核：陈平　　　　　　　　　　　　　　　　　　制表：张文

23. 7 月 30 日，计算并结转本月完工产品成本。

产品入库单

交库部门：生产车间　　　　2017 年 07 月 15 日　　　　仓库：产成品仓库

入库事由：完工入库

产品名称	规格型号	计量单位	交付数量	交货人
变频电机	315 型	台	21	何统

质量检验员：梁朔　　　　入库验收：肖斌　　　　仓库保管：肖斌

产品成本计算单

产品名称：变频电机 315 型　　　　2015 年 07 月 30 日

项目		产量	直接材料	直接人工	制造费用	合计
期初在产品成本		16	768 000	96 000	64 800	928 800
本月生产费用		5				
合计						
本月完工产品	总成本	21				
	单位成本					
期末在产品	分配费用					

复核：陈平　　　　　　　　　　　　制表：张文

产品成本计算单

产品名称：变频电机 316 型　　　　2015 年 07 月 30 日

项目		产量	直接材料	直接人工	制造费用	合计
期初在产品成本		0				
本月生产费用		15				
合计						
本月完工产品	总成本					
	单位成本					
期末在产品	分配费用	15				

复核：陈平　　　　　　　　　　　　制表：张文

24. 7 月 30 日，结转已销产品成本（先进先出法）。

2017 年 07 月 01 日库存商品明细账余额

库存商品名称	数量（件）	单位成本（元/件）	金额（元）
变频电机 315 型	12	81 000	972 000

产品出库单

2017 年 07 月 18 日

领货部门	事由	品名	型号	计量单位	数量	单位成本	总成本	经手人
销售部	销售	变频电机	315 型	台	15	——		梁朔

25. 7 月 30 日，计算本期工行借款利息。

利息费用计算表

2017 年 07 月 30 日　　单位：元

计息基数	月利率（%）	应计利息
500 000		

复核：陈平　　制表：张文

26. 7 月 31 日，计算本月应纳所得税。

所得税计算表

2017 年 07 月 31 日　　单位：元

应纳税所得额		税率（%）	应纳税额
本月利润总额			
税前调增项目			
税前调减项目			
应纳税所得额		25	

复核：陈平　　制表：张文

27. 7 月 31 日，月末结转损益。

【任务要求】

分析以上经济业务，以会计张启文名义编制相关记账凭证。

【任务操作】

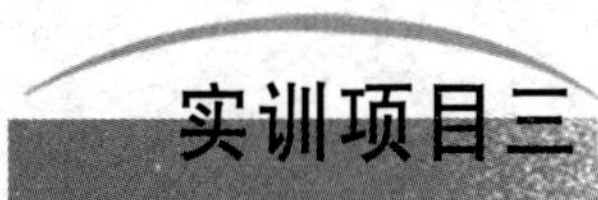

会计账簿

任务一　建　　账

【任务描述】

方羽有限责任公司2017年7月初部分账户余额如下：

科目余额表

科目代码	科目名称	余额方向	金额（元）
1001	库存现金	借	4 500.00
1002	银行存款（建行存款）	借	235 500.00
	应收账款	借	300 000.00
	德承动力有限公司	借	200 000.00
	白云液压机械厂	借	100 000.00
1403	原材料	借	487 900.00

原材料明细表

原材料名称	数量	单价	金额（元）
电机定转子冲片	8 000片	10.95元/片	87 600
轴承	18个	6 300元/个	113 400
转子	25个	7 300元/个	182 500
300C电机	6台	16 400元/台	98 400
耐磨润滑油	400升	15元/升	6 000
合计			487 900

【任务要求】

根据方羽有限责任公司2017年7月初各账户余额，建立相关总账、日记账、明细账。

【任务操作】

总　分　类　账

会计科目：　　　　　　　　　　　　　　　　　　　　　　　　第　　页

年		记账凭证		摘要	借方										√	贷方										√	借或贷	余额									
月	日	字	号		千	百	十	万	千	百	十	元	角	分		千	百	十	万	千	百	十	元	角	分			千	百	十	万	千	百	十	元	角	分

总　分　类　账

会计科目：　　　　　　　　　　　　　　　　　　　　　　　　第　　页

年		记账凭证		摘要	借方										√	贷方										√	借或贷	余额									
月	日	字	号		千	百	十	万	千	百	十	元	角	分		千	百	十	万	千	百	十	元	角	分			千	百	十	万	千	百	十	元	角	分

总　分　类　账

会计科目：　　　　　　　　　　　　　　　　　　　　第　　页

年		记账凭证		摘要	借方										√	贷方										√	借或贷	余额									
月	日	字	号		千	百	十	万	千	百	十	元	角	分		千	百	十	万	千	百	十	元	角	分			千	百	十	万	千	百	十	元	角	分

总　分　类　账

会计科目：　　　　　　　　　　　　　　　　　　　　第　　页

年		记账凭证		摘要	借方										√	贷方										√	借或贷	余额									
月	日	字	号		千	百	十	万	千	百	十	元	角	分		千	百	十	万	千	百	十	元	角	分			千	百	十	万	千	百	十	元	角	分

现金日记账

年		记账凭证		摘要	对方科目	借方										√	贷方										√	余额									
月	日	字	号			千	百	十	万	千	百	十	元	角	分		千	百	十	万	千	百	十	元	角	分		千	百	十	万	千	百	十	元	角	分

银行存款日记账

年		记账凭证		摘要	票据		对方科目	借方										√	贷方										√	余额									
月	日	字	号		种类	号数		千	百	十	万	千	百	十	元	角	分		千	百	十	万	千	百	十	元	角	分		千	百	十	万	千	百	十	元	角	分

银行存款日记账

年		记账凭证		摘要	票据		对方科目	借方										√	贷方										√	余额									
月	日	字	号		种类	号数		千	百	十	万	千	百	十	元	角	分		千	百	十	万	千	百	十	元	角	分		千	百	十	万	千	百	十	元	角	分

明细分类账

子目：　　　　　　　　　　　　　　　　第　　页

年		记账凭证		摘要	借方										√	贷方										√	借或贷	余额									
月	日	字	号		千	百	十	万	千	百	十	元	角	分		千	百	十	万	千	百	十	元	角	分			千	百	十	万	千	百	十	元	角	分

明细分类账

子目：　　　　　　　　　　　　　　　　第　　页

年		记账凭证		摘要	借方										√	贷方										√	借或贷	余额									
月	日	字	号		千	百	十	万	千	百	十	元	角	分		千	百	十	万	千	百	十	元	角	分			千	百	十	万	千	百	十	元	角	分

明细分类账

子目：　　　　　　　　　　　　　　　　第　　页

年		记账凭证		摘要	借方										√	贷方										√	借或贷	余额									
月	日	字	号		千	百	十	万	千	百	十	元	角	分		千	百	十	万	千	百	十	元	角	分			千	百	十	万	千	百	十	元	角	分

明细分类账

品名：　　　　　　　　　　　　　　　　　　　　　　　　　规　　格：

存放地点：　　　　　　　　　　　　　　　　　　　　　　　计量单位：

年		凭证号	摘要	收入			发出			结存		
月	日			数量	单价	金额	数量	单价	金额	数量	单价	金额

明细分类账

品名：　　　　　　　　　　　　　　　　　　　　　　　　　规　　格：

存放地点：　　　　　　　　　　　　　　　　　　　　　　　计量单位：

年		凭证号	摘要	收入			发出			结存		
月	日			数量	单价	金额	数量	单价	金额	数量	单价	金额

明细分类账

品名：　　　　　　　　　　　　　　　　　　　　　　　　　规　　格：

存放地点：　　　　　　　　　　　　　　　　　　　　　　　计量单位：

年		凭证号	摘要	收入			发出			结存		
月	日			数量	单价	金额	数量	单价	金额	数量	单价	金额

明细分类账

品名：　　　　　　　　　　　　　　　　　　　　　　　　　　　　规　　格：
存放地点：　　　　　　　　　　　　　　　　　　　　　　　　　　计量单位：

年		凭证号	摘要	收入			发出			结存		
月	日			数量	单价	金额	数量	单价	金额	数量	单价	金额

明细分类账

品名：　　　　　　　　　　　　　　　　　　　　　　　　　　　　规　　格：
存放地点：　　　　　　　　　　　　　　　　　　　　　　　　　　计量单位：

年		凭证号	摘要	收入			发出			结存		
月	日			数量	单价	金额	数量	单价	金额	数量	单价	金额

任务二　日记账的登记

【任务描述】

方羽有限责任公司 2017 年 7 月发生的业务见实训项目二下的任务二。

【任务要求】

请选择该月编制并审核好的相应记账凭证登记现金日记账及银行存款日记账，账页见任务一建好的现金日记账及银行存款日记账。

【任务操作】

任务三　总账和明细账的平行登记

【任务描述】

方羽有限责任公司 2017 年 7 月发生的业务见实训项目二下的任务二。

【任务要求】

1. 请选择该月编制并审核好的相应记账凭证登记原材料总账和明细账、应收账款总账和明细账，账页见任务一。

2. 编制总分类账和明细分类账本期发生额及余额对照表进行核对。

【任务操作】

总分类账和明细分类账本期发生额及余额对照表

明细账	期初余额	本期借方发生额	本期贷方发生额	期末余额
合计				
总账				

总分类账和明细分类账本期发生额及余额对照表

明细账	期初余额	本期借方发生额	本期贷方发生额	期末余额
合计				
总账				

任务四　横线登记式明细账的登记

【任务描述】

方羽有限责任公司 2017 年 7 月发生的业务见实训项目二下的任务二。

【任务要求】

请根据本月其他应收款的相关会计凭证登记明细分类账。

【任务操作】

其他应收款——备用金明细分类账

2017 年		凭证号	摘要	借方			2017 年		凭证号	摘要	贷方			余额
月	日			原借	补付	合计	月	日			报销	退回	合计	

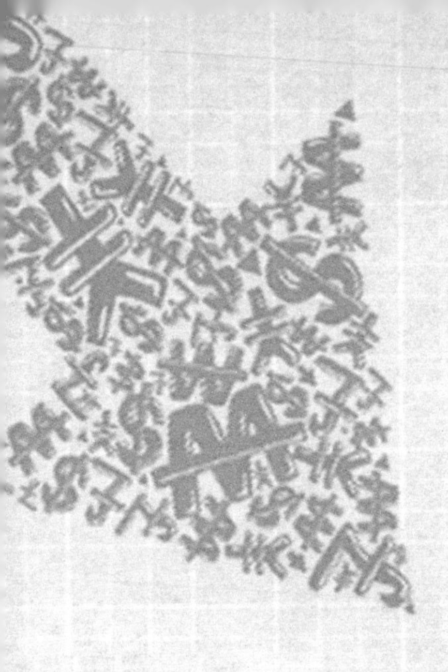

模块二

综合实训部分

【企业概况及财务政策】

一、企业基本情况

方羽有限责任公司是一家生产大功率电机的中小型企业，主要组装生产 315 型变频电机和 316 型变频电机，经国家税务部门认定为增值税一般纳税人。

单位地址：西安市莲湖路 379 号

法人代表：姜德睿

邮政编码：710003

联系电话：029－87336264

基本户：中国建设银行西安莲湖路支行（西安市莲湖路 379 号）

账号：61001970041052222863

纳税登记号：610200388666666

二、企业会计核算方法及管理制度

1. 企业所得税税率为 25%，增值税税率为 17%，城市维护建设税税率为 7%，教育费附加率为 3%，地方教育费附加率为 2%。企业每月根据月末会计利润总额计提当月应交所得税，不进行纳税调整，次月 15 日前申报缴纳该月所得税及其他税项，年末进行所得税汇算清缴。

2. 原材料发出采用月末一次加权平均法，库存商品发出采用先进先出法。

3. 差旅费相关规定：按实际出差天数每天补助 100 元，当无住宿票据时，只补助出行和归来 2 天。住宿费标准为每天 200 元。市内交通补贴按实际出差天数每天补贴 20 元。长途客车、火车、轮船、飞机等票据实报实销。

4. 会计核算保留两位小数。

【实训指导】

一、实训步骤

1. 综合实训采用记账凭证账务处理程序。

2. 根据实训项目一，选择适当的账页建账并登记期初余额。

3. 根据实训项目二，审核并填写相关原始凭证，编制记账凭证。记账凭证采用五类编号法编号。

4. 审核记账凭证，根据审核无误的记账凭证按照记账规则登记有关账簿，月末结账并编制试算平衡表。

5. 编制资产负债表和利润表。

二、实训资料

综合实训部分每人需要收款凭证 12 张，付款凭证 22 张，转账凭证 33 张；现金日记账账页 1 页，银行存款日记账账页 2 页，三栏总账账页 30 页，三栏明细账账页 3 页，数量金额式账页 5 页，横线登记式明细账账页 1 页；试算平衡表 1 张；资产负债表 1 张，利润表 1 张；凭证封皮 1 张，账簿封皮 1 张，凭证侧方学生信息条 1 条。装订线每班 3 团。

三、装订要求

1. 会计凭证装订要求：左侧装订、封面日期不填，装订人填写学生姓名。

2. 会计账簿装订要求：按照总分类账、现金日记账、银行存款日记账、三栏式明细分类账、数量金额式明细分类账、横线登记式明细分类账的顺序左侧装订、封面日期不填，装订人填写学生姓名。

四、实训组织

1. 以班为单位在专用教室或会计实训中心分组进行。

2. 实训共需 30 课时，具体进度安排如下：（仅供参考）

第一天：阅读资料，建账并登记期初余额，编制业务 1～10 的记账凭证和登账（6 课时）。

第二天：编制业务 11～30 的记账凭证和登账（6 课时）。

第三天：编制业务 30～50 的记账凭证和登账（6 课时）。

第四天：编制业务 50～55 的记账凭证和登账，结账、编制试算平衡表（8 课时）。

第五天：编制会计报表、装订（4 课时）。

五、实训成绩

实训成绩由会计凭证、会计账簿、试算平衡表和会计报表、考勤四部分组成，每部分评定优秀、良好、及格、不及格等次。根据各部分等次情况，评定综合成绩的等次。

实训项目一

建账并登记期初余额

方羽有限责任公司2017年8月初各账户余额如下：

总账账户期初余额表

账户名称	借方余额	账户名称	贷方余额
库存现金	6 000.00	累计折旧	3 789 529.25
银行存款	1 443 787.15	短期借款	500 000.00
应收账款	300 000.00	应交税费	158 207.72
其他应收款	1 000.00	应付利息	2 500.00
原材料	428 245.00	应付账款	50 000.00
生产成本	669 945.00	应付职工薪酬	500 000.00
库存商品	1 470 544.20	实收资本	6 051 000.00
固定资产	8 193 900.00	盈余公积	199 678.00
		本年利润	780 129.58
		利润分配	482 376.80
合计	12 513 421.35	合计	12 513 421.35

生产成本明细账期初余额

在产品名称	在产品数量	直接材料	直接人工	制造费用	合计
316 型变频电机	15	558 595	70 000	41 350	669 945

库存商品明细账期初余额

库存商品名称	数量（台）	单位成本（元/台）	金额（元）
315 型变频电机	18	81 696. 90	1 470 544. 20

原材料明细账期初余额

原材料名称	数量	单价	金额（元）
定转子冲片	10 100 片	10. 95 元/片	110 595
轴承	22 个	6 300 元/个	138 600
转子	6 个	7 300 元/个	43 800
300C 电机	8 台	16 400 元/台	131 200
耐磨润滑油	270 升	15 元/升	4 050
合计			428 245

应收账款明细账期初余额

名称	金额（元）
德奥动力有限公司	200 000
白云液压机械厂	100 000
合计	300 000

应付账款明细账期初余额

名称	金额（元）
维赛轴承有限公司	50 000

其他应收款明细账期初余额

名称	金额（元）
邓旭佳	1 000

注：（1）“其他应收款”期初余额为邓旭佳 2017 年 7 月 18 日出差预借款，记账凭证字号为“现付字 3 号”。“其他应收款”明细账采用横线登记式账页。

（2）“原材料”“库存商品”按名称开设数量金额明细账。

（3）“应收账款”“应付账款”按对方单位开设三栏明细账。

实训项目二

编制记账凭证

方羽有限责任公司2017年8月发生如下经济业务。

1. 8月1日，收到投资。

投资协议

甲方（接受投资单位）：方羽有限责任公司

乙方（投资单位）：金泰工程有限公司

甲乙双方为了实现合作共赢的理念，现协议如下：

(1) 乙方以货币资金向甲方投资50万元，签订合同之日交付资金。

(2) 乙方投资后，乙方按照投资比例享受年利润的分配。

(3) 未经甲方同意，乙方不得随意抽回投资。

甲方（盖章）：方羽有限责任公司

乙方（盖章）：金泰工程有限公司

法人代表：姜德睿　　　　法人代表：王林峰

日期：2017年08月01日　　　　日期：2017年08月01日

收 款 收 据

2017 年 08 月 01 日　　　　No. 1012437

交款单位名称
（或姓名）　金泰工程有限公司
摘　　要　收到投资款
人 民 币　伍拾万元整　　¥500 000. 00
备　　注

第三联　记账联

转账收讫

会计：张文　　出纳：王琳　　经手人：汪淼

中国建设银行进账单（收账通知）

2017 年 08 月 01 日　　　　No. 3598

汇款人	全称	金泰工程有限公司	收款人	全称	方羽有限责任公司
	账号	6102607863524593196		账号	6100197004105222863
	开户银行	中国建设银行西安分行城北支行		开户银行	中国建设银行西安莲湖路支行

人民币（大写）	伍拾万元整	千	百	十	万	千	百	十	元	角	分
			¥	5	0	0	0	0	0	0	0

票据种类	转账支票
票据张数	1 张
单位主管　靳云 复核　王芳	会计　吴成 记账　司倩

中国建设银行西安莲湖路支行
2017年8月1日
转讫

收款人开户行盖章

2. 8 月 1 日，借款业务。

中国建设银行短期借款合同

合同单位：

中国建设银行西安市支行　　　　　　　　　　　　（以下简称贷款方）

方羽有限责任公司　　　　　　　　　　　　　　　（以下简称借款方）

为明确各自责任，严守合同，特签订本合同，双方共同信守。

一、贷款种类：工业企业流动资金借款

二、借款金额：叁拾万元整

三、借款用途：采购原材料

四、借款利率：月利率为千分之五，按季结息付息，最后还本。

五、借款期限：借款自二〇一七年八月一日到二〇一八年二月一日止。

六、还款资金来源主营业务收入。

七、还款方式：转账

八、违约责任：（略）

本合同经双方签字后生效，贷款本息全部偿付后失效。

本合同一式二份，贷款方、借款方各执一份，合同副本四份，报送有关单位各留存一份。

贷款方：中国建设银行西安市支行　　　　　　　　借款方：方羽有限责任公司

法人代表：王阳明　　　　　　　　　　　　　　　法人代表：姜德睿

2017 年 08 月 01 日　　　　　　　　　　　　　　2017 年 08 月 01 日

中国建设银行借款借据（收账通知）

借款企业名称：方羽有限责任公司　　　2017 年 08 月 01 日　　　No. 3057

贷款种类	流动资金借款	贷款账号	161	存款账号	61001970041052222863
借款金额	人民币（大写）叁拾万元整			亿 千 百 十 万 千 百 十 元 角 分	¥ 3 0 0 0 0 0 0 0
借款用途：流动资金周转					
约定还款期：6 个月		期限 2017 年 08 月 01 日 于 2018 年 02 月 01 日到期			
上列借款已批准发放，转放你单位存款账户。 此致 单位 （银行签章）			单位分录： （借） （贷） 主管 王静　会计 刘明 复核 张凡利　记账 杨雪 2017 年 08 月 01 日		

中国建设银行西安市支行 2017年8月1日 业务章

此联转账后退还借款单位

3. 8月1日，借款业务。

中国建设银行长期借款合同

合同单位：
中国建设银行西安市支行　　　　　　（以下简称贷款方）
方羽有限责任公司　　　　　　　　　（以下简称借款方）
为明确各自责任，严守合同，特签订本合同，双方共同信守。
一、贷款种类：工业企业长期资金借款
二、借款金额：柒拾万元整
三、借款用途：建造厂房
四、借款利率：月利率为千分之六，按季结息付息，最后还本。
五、借款期限：借款自二〇一七年八月一日到二〇一九年八月一日止。
六、还款资金来源主营业务收入。
七、还款方式：转账
八、违约责任：（略）

本合同经双方签字后生效，贷款本息全部偿付后失效。
本合同一式二份，贷款方、借款方各执一份，合同副本四份，报送有关单位各留存一份。

贷款方：中国建设银行西安市支行

法人代表：王阳明
2017年08月01日

借款方：方羽有限责任公司

法人代表：姜德睿
2017年08月01日

中国建设银行借款借据（收账通知）

借款企业名称：方羽有限责任公司　　2017年08月01日　　No. 3089

贷款种类	长期资金借款	贷款账号	161	存款账号	61001970041052222863

借款金额	人民币（大写）柒拾万元整	亿	千	百	十	万	千	百	十	元	角	分
				¥	7	0	0	0	0	0	0	0

借款用途：建造厂房
约定还款期：2年　　期限2017年08月01日于2019年08月01日到期

上列借款已批准发放，转放你单位存款账户。
此致
单位
（银行签章）

单位分录：
（借）
（贷）
主管　王静　　会计　刘明
复核　张凡利　记账　杨雪
2017年08月01日

此联转账后退还借款单位

4. 8月2日，报销差旅费。

差旅费报销单

报销部门：采购部　　2017年08月02日　　No. 20150702

报销人			邓旭佳		出差事由		采购物资			
日期	出发地	到达地	市内交通补助		伙食补贴		车（船）票	出差补贴	住宿费	合计金额
			天数	金额	天数	金额				
7月31日	西安	太原	1	20			215	100	300	635
8月1日	太原	西安	1	20			215	100		335
合　计				40			430	200	300	970
报销金额合计人民币（大写）：玖佰柒拾元整								¥970. 00		
预借金额：¥1 000. 00					结余或超支：¥30					
单位领导		姜德睿			会计主管			陈平		
出纳		王琳			审核			张文		

附单据叁张

收　款　收　据

2017年08月02日　　No. 1012123

交款单位名称（或姓名）：邓旭佳

摘　要：退回差旅费余款

人民币：叁拾元整　　¥30.00

备　注：原借1 000.00，报销970.00，退回30.00

现金收讫

第三联　记账联

会计：张文　　出纳：王琳　　经手人：邓旭佳

001D065375

西安北站　　D2562　　太原南站

Xi'anbei　　→　　Taiyuannan

2017 年 07 月 31 日 15：52 开　　03 车 08F 号

¥215 元　　二等座

限乘当日当次车

6104041983 **** 3018　　邓旭佳

买票请到 12306 发货请到 95306

中国铁路祝您旅途愉快

39473202290406806 0429　　西安站售

001D065426

太原南站　　D2562　　西安北站

Taiyuannan　　→　　Xi'anbei

2017 年 08 月 01 日 17：12 开　　03 车 09F 号

¥215 元　　二等座

限乘当日当次车

6104041983 **** 3018　　邓旭佳

买票请到 12306 发货请到 95306

中国铁路祝您旅途愉快

394732022904068060512　　西安站售

山西增值税普通发票

66145625922　　　　　　　　　　　　　　　　　　　　　　No. 014001600111

校验码 68447 42018 11884 65149　　　　　　　　　　开票日期：2017 年 08 月 01 日

购货单位	名　　称：方羽有限责任公司 纳税人识别号：610200388666666 地 址 、电 话：西安市莲湖路 379 号 029 - 87336264 开户行及账号：中国建设银行西安莲湖路支行 61001970041052222863	密码区	03 > 8 > / + 32 + < /44/ * 649 - - 5 > - 4059 72 - 3/ + - 32 + 5 + 6/ + 9 * 6 < 3 < 56/2/51 38 + 0393 - < - 7 > 771 * 9/ - < 87 < 79 + 91 / * * > /7/4 * 501 * - 6019 - 76/2 < 8925

货物或应税劳务的名称	规格型号	单位	数量	单价	金额	税率	税额
住宿费					283.02	6%	16.98
合计					¥283.02		¥16.98
价税合计（大写）	人民币叁佰元整						¥300.00

销货单位	名　　称：山西饭店 纳税人识别号：91140100MAOGUIJM9C 地 址 、电 话：太原迎泽区纯阳宫 51 号 0351 - 6688888 开户行及账号：交通银行太原上官巷支行 141000613018010204937	备注	山西饭店 91140100MAOGUIJM9C 发票专用章

收款人：张蓝　　　　复核：刘倩　　　　开票人：王文浩　　　　销货单位（章）：

第二联　发票联　购买方记账凭证

5. 8 月 2 日，偿还前欠货款。

中国建设银行（陕）
转账支票存根

$\frac{A}{0}\frac{B}{2}$ 52000121

附加信息

出票日期 2017 年 08 月 02 日 收款人：维赛轴承有限公司
金额：¥50 000.00
用途：支付货款

单位主管：陈平　　　　会计：张文

6. 8 月 3 日，收到前欠货款。

中国建设银行电子汇划进账凭证

2017 年 08 月 03 日　　　　No. 3381

付款人	全　称	德奥动力有限公司	收款人	全　称	方羽有限责任公司
	账　号	6227604805524597425		账　号	6100197004105222286 3
	开户银行	中国建设银行石家庄市裕华西路支行		开户银行	中国建设银行西安莲湖路支行

人民币（大写）	贰拾万元整	千	百	十	万	千	百	十	元	角	分
			¥	2	0	0	0	0	0	0	0

备注：货款	收款人开户行盖章

中国建设银行西安莲湖路支行
2017年8月3日
转讫

7. 8 月 3 日，提现。

中国建设银行（陕）
现金支票存根

$\frac{A}{0}\frac{B}{2}$　59001131

附加信息

出票日期 2017 年 08 月 03 日
收款人：方羽有限责任公司
金额：¥2 000.00
用途：备用金

单位主管：陈平　　　会计：张文

8. 8月3日，通过银行代发工资。

职工工资发放表

2017年08月03日

职员编号	职员姓名	所属部门	人员类别	应付工资	应扣工资	实付工资
001	姜德睿	厂办	管理人员	3 500		3 500
002	李浩	厂办	管理人员	3 200		3 200
003	杨慧	厂办	管理人员	2 800		2 800
004	梁朔	销售部	销售人员	3 100		3 100
005	张建荣	销售部	销售人员	3 200		3 200
……	……	……	……	……	……	……
总计						500 000

复核：陈平　　　　制表：张文

中国建设银行
转账支票存根（陕）

$\frac{A}{0}\frac{B}{2}$　52000122

附加信息

出票日期 2017年08月03日

收款人：方羽有限责任公司

金额：￥500 000.00

用途：支付职工工资

单位主管：陈平　　　会计：张文

9. 8月4日，购入卡车。

陕西省增值税专用发票

（全国统一发票监制章　陕西　发票联　国家税务局监制）

4112125238　　　　　　　　　　　　　　No. 31412658

校验码 74216 87318 27208 61063　　　　开票日期：2017 年 08 月 04 日

购货单位	名　　称：方羽有限责任公司 纳税人识别号：610200388666666 地 址 、电 话：西安市莲湖路 379 号 029 - 87336264 开户行及账号：中国建设银行西安莲湖路支行 6100197004105222 2863	密码区	03 >8 >/ +32 + </44/ ∗649 - -5 > -4059 72 -3/ + -32 +5 +6/ +9 ∗6 <3 <56/2/51 38 +0393 - < -7 >771 ∗9/ - <87 <79 +91 /∗∗ >/7/4 ∗501 ∗ -6019 -76/2 <8925

货物或应税劳务的名称	规格型号	单位	数量	单价	金额	税率	税额
卡车（5t）		辆	1	200 000	200 000. 00	17%	34 000. 00
合计					¥200 000. 00		¥34 000. 00
价税合计（大写）	人民币贰拾叁万肆仟元整				¥234 000. 00		

销货单位	名　　称：陕西汽车集团有限责任公司 纳税人识别号：610000220524252 地 址 、电 话：陕西省西安市新城区幸福北路 39 号 029 - 86955952 开户行及账号：中国建设银行西安新城区支行 61001567408054567839	备注	（陕西汽车集团有限责任公司　610000220524252　发票专用章）

收款人：　　　复核：李想　　　开票人：徐芳　　　销货单位（章）：

第三联　发票联　购买方记账凭证

陕西省增值税专用发票

（全国统一发票监制章　陕西　抵扣联　国家税务局监制）

4112125238　　　　　　　　　　　　　　No. 31412658

校验码 74216 87318 27208 61063　　　　开票日期：2017 年 08 月 04 日

购货单位	名　　称：方羽有限责任公司 纳税人识别号：610200388666666 地 址 、电 话：西安市莲湖路 379 号 029 - 87336264 开户行及账号：中国建设银行西安莲湖路支行 6100197004105222 2863	密码区	03 >8 >/ +32 + </44/ ∗649 - -5 > -4059 72 -3/ + -32 +5 +6/ +9 ∗6 <3 <56/2/51 38 +0393 - < -7 >771 ∗9/ - <87 <79 +91 /∗∗ >/7/4 ∗501 ∗ -6019 -76/2 <8925

货物或应税劳务的名称	规格型号	单位	数量	单价	金额	税率	税额
卡车（5t）		辆	1	200 000	200 000. 00	17%	34 000. 00
合计					¥200 000. 00		¥34 000. 00
价税合计（大写）	人民币贰拾叁万肆仟元整				¥234 000. 00		

销货单位	名　　称：陕西汽车集团有限责任公司 纳税人识别号：610000220524252 地 址 、电 话：陕西省西安市新城区幸福北路 39 号 029 - 86955952 开户行及账号：中国建设银行西安新城区支行 61001567408054567839	备注	（陕西汽车集团有限责任公司　610000220524252　发票专用章）

收款人：　　　复核：李想　　　开票人：徐芳　　　销货单位（章）：

第二联　抵扣联　付款方抵扣凭证

中国建设银行电子转账凭证

2017 年 08 月 04 日　　　　No. 3287

付款人	全　称	方羽有限责任公司	收款人	全　称	陕西汽车集团有限责任公司
	账　号	6100197004105222863		账　号	61001567408054567839
	开户银行	中国建设银行西安莲湖路支行		开户银行	中国建设银行西安新城区支行

人民币（大写）	贰拾叁万肆仟元整	千	百	十	万	千	百	十	元	角	分
			¥	2	3	4	0	0	0	0	0

备注：购车款	付款人开户行盖章

中国建设银行西安莲湖路支行
2017年8月4日
转讫

方羽有限责任公司固定资产验收单

2017 年 08 月 04 日

固定资产名称	卡车	规 格	
资产类别	经营	数 量	1 辆
使用部门		销售部门	
安装单位（部门）			
资产来源	购入	验收日期	2017. 8. 4
使用日期	2017. 8. 4	使用年限	20 年
原 值	¥234 000. 00	净残值率	5%
固定资产管理部门验收意见		符合合同规定质量标准，验收合格 负责人签名：郭远航	

10. 8 月 5 日，购入 CM 机床。

陕西省增值税专用发票

（印章：全国统一发票监制章　陕西　国家税务局监制）

发票联

6112155237　　No. 51003928751

校验码 84216 87718 13208 54063　　开票日期：2017 年 08 月 05 日

购货单位	名　　称：方羽有限责任公司 纳税人识别号：610200388666666 地 址 、电 话：西安市莲湖路 379 号 029 －87336264 开户行及账号：中国建设银行西安莲湖路支行 61001970041052222863	密码区	03 >8 >/+32 +</44/*649 --5 >-4059 72 -3/+ -32 +5 +6/ +9 *6 <3 <56/2/51 38 +0393 -< -7 >771 *9/- <87 <79 +91 /** >/7/4 *501 *-6019 -76/2 <8925

货物或应税劳务的名称	规格型号	单位	数量	单价	金额	税率	税额
CM 机床		台	1	50 000	50 000. 00	17%	8 500. 00
合计					¥50 000. 00		¥8 500. 00
价税合计（大写）	人民币伍万捌仟伍佰元整				¥58 500. 00		

销货单位	名　　称：陕西汉江机床有限公司 纳税人识别号：610000709902319 地 址 、电 话：陕西汉中汉台区河东店镇 10 号 0916 －2298033 开户行及账号：中国工商银行汉中汉台区支行 6222022610006533990	备注	（印章：陕西汉江机床有限公司　610000709902319　发票专用章）

收款人：　　复核：江盈　　开票人：范乐　　销货单位（章）：

第三联　发票联　购买方记账凭证

陕西省增值税专用发票

（印章：全国统一发票监制章　陕西　国家税务局监制）

抵扣联

6112155237　　No. 51003928751

校验码 84216 87718 13208 54063　　开票日期：2017 年 08 月 05 日

购货单位	名　　称：方羽有限责任公司 纳税人识别号：610200388666666 地 址 、电 话：西安市莲湖路 379 号 029 －87336264 开户行及账号：中国建设银行西安莲湖路支行 61001970041052222863	密码区	03 >8 >/+32 +</44/*649 --5 >-4059 72 -3/+ -32 +5 +6/ +9 *6 <3 <56/2/51 38 +0393 -< -7 >771 *9/- <87 <79 +91 /** >/7/4 *501 *-6019 -76/2 <8925

货物或应税劳务的名称	规格型号	单位	数量	单价	金额	税率	税额
CM 机床		台	1	50 000	50 000. 00	17%	8 500. 00
合计					¥50 000. 00		¥8 500. 00
价税合计（大写）	人民币伍万捌仟伍佰元整				¥58 500. 00		

销货单位	名　　称：陕西汉江机床有限公司 纳税人识别号：610000709902319 地 址 、电 话：陕西汉中汉台区河东店镇 10 号 0916 －2298033 开户行及账号：中国工商银行汉中汉台区支行 6222022610006533990	备注	（印章：陕西汉江机床有限公司　610000709902319　发票专用章）

收款人：　　复核：江盈　　开票人：范乐　　销货单位（章）：

第二联　抵扣联　付款方抵扣凭证

中国建设银行电子转账凭证

2017 年 08 月 05 日　　No. 3395

付款人	全　称	方羽有限责任公司	收款人	全　称	陕西汉江机床有限公司
	账　号	61001970041052222863		账　号	6222022610006533990
	开户银行	中国建设银行西安莲湖路支行		开户银行	中国工商银行汉中汉台区支行

人民币（大写）	伍万捌仟伍佰元整	千	百	十	万	千	百	十	元	角	分
				¥	5	8	5	0	0	0	0

备注：购机床款	付款人开户行盖章

中国建设银行西安莲湖路支行
2013年06月20日
转讫

货物运输业增值税专用发票

全国统一发票监制章 陕西 国家税务局监制

发票联

No. 67013943732

开票日期：2017 年 08 月 05 日

承运人及纳税人识别号	汉中诚信运输有限公司 610700741259917	密码区	03 >8 >/+32 +</44/*649 - -5 >-4059 72 -3/+ -32 +5 +6/ +9 *6 <3 <56/2/51 38 +0393 - < -7 >771 *9/- <87 <79 +91 /** >/7/4 *501 *-6019 -76/2 <8925
实际受票方及纳税人识别号	方羽有限责任公司 610200388666666		
收货人及纳税人识别号	方羽有限责任公司 610200388666666	发货人及纳税人识别号	陕西汉江机床有限公司 610000709902319
起运地、经由、到达地	汉中至西安		
费用项目及金额	费用项目：运费　金额：1 000. 00　费用项目　金额	运输货物信息	CM 机床

合计金额	¥1 000. 00	税率	11%	税额	110	机器编号	00230156
价税合计（大写）	壹仟壹佰壹拾元整			（小写）¥1 110. 00			
车种车号		车船吨位		备注	汉中诚信运输有限公司 610700741259917 发票专用章		
主管税务机关及代码	汉中市汉台区国税局 3256138						

收款人：　　复核：白雪　　开票人：田和　　承运人：（章）

第三联 发票联 受票方记账凭证

货物运输业增值税专用发票

全国统一发票监制章 陕西 国家税务总局监制

抵扣联

No. 67013943732

开票日期：2017 年 08 月 05 日

承运人及纳税人识别号	汉中诚信运输有限公司 610700741259917	密码区	03 >8 >/+32 +</44/*649 --5 >-4059 72 -3/+-32 +5 +6/ +9 *6 <3 <56/2/51 38 +0393 -<-7 >771 *9/-<87 <79 +91 /** >/7/4 *501 *-6019 -76/2 <8925
实际受票方及纳税人识别号	方羽有限责任公司 610200388666666		
收货人及纳税人识别号	方羽有限责任公司 610200388666666	发货人及纳税人识别号	陕西汉江机床有限公司 610000709902319
起运地、经由、到达地	汉中至西安		
费用项目及金额	费用项目 金额 费用项目 金额 运费 1 000.00	运输货物信息	CM 机床
合计金额	¥1 000.00	税率	11%
税额	110	机器编号	00230156
价税合计（大写）	壹仟壹佰壹拾元整	（小写）	¥1 110.00
车种车号		车船吨位	
主管税务机关及代码	汉中市汉台区国税局 3256138	备注	汉中诚信运输有限公司 610700741259917 发票专用章

收款人：　　　　复核：白雪　　　　开票人：田和　　　　承运人（章）

第二联 抵扣联 付款方抵扣凭证

中国建设银行（陕）
转账支票存根

$\frac{A}{0}\frac{B}{2}$ 52000123

附加信息

出票日期 2017 年 08 月 05 日
收款人：汉中诚信运输有限公司
金额：¥1 110.00
用途：支付运费

单位主管：陈平　　　　会计：张文

11. 8 月 6 日，支付安装费。

陕西省增值税专用发票

全国统一发票监制章 陕西 发票联 国家税务局监制

4112155163　　　　No. 6100392359

校验码 84216 87718 13208 54063　　　　开票日期：2017 年 08 月 06 日

购货单位		密码区	
	名　　称：方羽有限责任公司 纳税人识别号：610200388666666 地 址 、电 话：西安市莲湖路 379 号 029 － 87336264 开户行及账号：中国建设银行西安莲湖路支行 6100197004105222286 3		03 >8 >/+32 +</44/*649 --5 >-4059 72 -3/+-32 +5 +6/ +9 *6 <3 <56/2/51 38 +0393 -<-7 >771 *9/-<87 <79 +91 /** >/7/4 *501 *-6019 -76/2 <8925

货物或应税劳务的名称	规格型号	单位	数量	单价	金额	税率	税额
安装费					3 000. 00	11%	330. 00
合计					¥3 000. 00		¥330. 00
价税合计（大写）	人民币叁仟叁佰叁拾元整				¥3 330. 00		

销货单位		备注	
	名　　称：西安友进设备安装有限公司 纳税人识别号：610131057136961 地 址 、电 话：西安市高新区丈八二路 16 号 029 － 87663321 开户行及账号：中国工商银行西安市高新区支行 6222022610006512853		西安友进设备安装有限公司 610131057136961 发票专用章

收款人：　　　复核：王苗　　　开票人：杨光　　　销货单位（章）：

第三联　发票联　购买方记账凭证

陕西省增值税专用发票

全国统一发票监制章 陕西 抵扣联 国家税务局监制

4112155163　　　　No. 6100392359

校验码 84216 87718 13208 54063　　　　开票日期：2017 年 08 月 06 日

购货单位		密码区	
	名　　称：方羽有限责任公司 纳税人识别号：610200388666666 地 址 、电 话：西安市莲湖路 379 号 029 － 87336264 开户行及账号：中国建设银行西安莲湖路支行 6100197004105222286 3		03 >8 >/+32 +</44/*649 --5 >-4059 72 -3/+-32 +5 +6/ +9 *6 <3 <56/2/51 38 +0393 -<-7 >771 *9/-<87 <79 +91 /** >/7/4 *501 *-6019 -76/2 <8925

货物或应税劳务的名称	规格型号	单位	数量	单价	金额	税率	税额
安装费					3 000. 00	11%	330. 00
合计					¥3 000. 00		¥330. 00
价税合计（大写）	人民币叁仟叁佰叁拾元整				¥3 330. 00		

销货单位		备注	
	名　　称：西安友进设备安装有限公司 纳税人识别号：610131057136961 地 址 、电 话：西安市高新区丈八二路 16 号 029 － 87663321 开户行及账号：中国工商银行西安市高新区支行 6222022610006512853		西安友进设备安装有限公司 610131057136961 发票专用章

收款人：　　　复核：王苗　　　开票人：杨光　　　销货单位（章）：

第二联　抵扣联　购买方抵扣凭证

中国建设银行（陕）
转账支票存根

$\frac{A}{0}\frac{B}{2}$　52000124

附加信息

出票日期 2017 年 08 月 06 日

收款人：西安友进设备安装有限公司

金额：￥3 330.00

用途：支付安装费

单位主管：陈平　　　会计：张文

12. 8 月 7 日，CM 机床安装完毕。

方羽有限责任公司固定资产验收单

2017 年 08 月 07 日

固定资产名称	CM 机床	规格	
资产类别	生产设备	数量	1 台
使用部门		生产车间	
安装单位（部门）		西安友进设备安装有限公司	
资产来源	购入	验收日期	2017. 8. 7
使用日期	2017. 8. 7	使用年限	10 年
原值	￥54 000. 00	净残值率	5%
固定资产管理部门验收意见		符合合同规定质量标准，验收合格 负责人签名：郭远航	

13. 8 月 7 日，领料。

领　料　单

2017 年 08 月 07 日

领料单位：车间

用途：生产 315 型变频电机　　　　　　　　发料仓库：1 号仓库

品名	单位	数量		单位成本	领料成本	领料人
		请领	实领			
定转子冲片	片	6 000	6 000			于博
轴承	个	20	20			于博

车间审批：郭远航　　　　　　　　保管员：王江

领　料　单

2017 年 08 月 07 日

领料单位：车间

用途：生产 315 型变频电机　　　　　　　　发料仓库：1 号仓库

品名	单位	数量		单位成本	领料成本	领料人
		请领	实领			
耐磨润滑油	升	200	200			于博

车间审批：郭远航　　　　　　　　保管员：王江

14. 8 月 8 日，收到前欠货款。

中国建设银行电子汇划进账凭证

2017 年 08 月 08 日　　　　　　No. 5312

付款人	全　称	白云液压机械厂	收款人	全　称	方羽有限责任公司
	账　号	62254328055658732681		账　号	61001970041052222863
	开户银行	中国建设银行广州市白云区蚌湖镇支行		开户银行	中国建设银行西安莲湖路支行

人民币（大写）	壹拾万元整	千	百	十	万	千	百	十	元	角	分
			¥	1	0	0	0	0	0	0	0

备注：货款	收款人开户行盖章

中国建设银行西安莲湖路支行
2017年8月8日
转讫

15. 8 月 9 日，银行转来扣税凭证。

建设银行电子缴税付款凭证

扣款日期：2017 年 08 月 09 日　　清算日期：2017 年 08 月 09 日　　凭证序号：00063723

纳税人全称及纳税人识别号：方羽有限责任公司　　610200388666666
付款人全称：方羽有限责任公司
付款人账号：61001970041052222863　　征收机关名称：西安市地方税务局莲湖区分局
付款人开户银行：中国建设银行西安莲湖路支行　　收款国库：莲湖区支库
小写（合计）金额：¥145 782.95　　缴款书交易流水号：02568765
大写（合计）金额：壹拾肆万伍仟柒佰捌拾贰元玖角伍分　　税票号码：2012070001574551

项目	所属期间	缴费合计	备注
增值税	20170701～20170731	¥103 539.75	国税
企业所得税	20170701～20170731	¥42 243.20	国税

中国建设银行西安莲湖路支行
2017年8月9日
受理凭证专用章

第 1 次打印　　打印时间：2017－08－09　09：12：09　　财务日期：20170809

第二联：作付款回单（无银行办讫章无效）　　复核　　记账

建设银行电子缴税付款凭证

扣款日期：2017 年 08 月 09 日　　清算日期：2017 年 08 月 09 日　　凭证序号：00063724

纳税人全称及纳税人识别号：方羽有限责任公司　　610200388666666
付款人全称：方羽有限责任公司
付款人账号：61001970041052222863　　征收机关名称：西安市地方税务局莲湖区分局
付款人开户银行：中国建设银行西安莲湖路支行　　收款国库：莲湖区支库
小写（合计）金额：¥7 862.80　　缴款书交易流水号：02568766
大写（合计）金额：柒千捌佰陆拾贰元捌角整　　税票号码：2012070001574551

项目	所属期间	缴费合计	备注
城市建设维护税	20170701～20170731	¥7 247.78	地税
教育费附加	20170701～20170731	¥3 106.19	地税
地方教育费附加	20170701～20170731	¥2 070.80	地税

中国建设银行西安莲湖路支行
2017年8月9日
受理凭证专用章

第 1 次打印　　打印时间：2017－08－09　09：12：57　　财务日期：20170809

第二联：作付款回单（无银行办讫章无效）　　复核　　记账

16. 8 月 10 日，购料。

陕西增值税专用发票

全国统一发票监制章 陕西 国家税务局监制

发票联

61000177328　　No. 306415216

校验码 57216 87721 13208 34076　　开票日期：2017 年 08 月 10 日

购货单位	名　　称：方羽有限责任公司 纳税人识别号：610200388666666 地 址 、电 话：西安市莲湖路 379 号 029－87336264 开户行及账号：中国建设银行西安莲湖路支行 61001970041052222863			密码区	03 >8 >/+32 +</44/∗649 − −5 >−4059 72 −3/+ −32 +5 +6/ +9 ∗6 <3 <56/2/51 38 +0393 −<−7 >771 ∗9/−<87 <79 +91 /∗∗ >/7/4 ∗501 ∗−6019 −76/2 <8925		
货物或应税劳务的名称	规格型号	单位	数量	单价	金额	税率	税额
耐磨润滑油		升	200	15	3 000.00	17%	510.00
合计					¥3 000.00		¥510.00
价税合计（大写）	人民币叁仟伍佰壹拾元整				¥3 510.00		
销货单位	名　　称：陕西飞跃石油化工发展有限公司 纳税人识别号：611105762574596 地 址 、电 话：西安市沣东新城丰产路西段 226 号 029－84311699 开户行及账号：建设银行支行沣东新城支行 61001868608053224803			备注	陕西飞跃石油化工发展有限公司 611105762574596 发票专用章		

收款人：　　复核：王阳　　开票人：江艳　　销货单位（章）：

第三联　发票联　购买方记账凭证

收　料　单

收料仓库：原材料库　　2017 年 08 月 10 日　　收料单编号：130507

材料名称	单位	数量		单价	材料金额	运杂费	合计（实际成本）	实际单价
		应收数	实收数					
润滑油	升	200	200	15	3 000	0	3 000	15
合计					3 000	0	3 000.00	15
供货单位	陕西飞跃石油化工发展有限公司		结算办法	支票结算	合同号		130201	
备注								

主管：邓旭佳　　质量采购员：颜颇　　入库验收：王伟　　仓库保管：王江

此联由财务部门记账用

陕西增值税专用发票

全国统一发票监制章 陕西 国家税务局监制

抵扣联

61000177328　　No. 306415216

校验码 57216 87721 13208 34076　　开票日期：2017 年 08 月 10 日

购货单位	名　　称：方羽有限责任公司 纳税人识别号：610200388666666 地 址 、电 话：西安市莲湖路 379 号 029－87336264 开户行及账号：中国建设银行西安莲湖路支行 6100197004105222863			密码区	03>8>/+32+</44/∗649－－5>－4059 72－3/+－32+5+6/+9∗6<3<56/2/51 38+0393－<－7>771∗9/－<87<79+91 /∗∗>/7/4∗501∗－6019－76/2<8925		
货物或应税劳务的名称	规格型号	单位	数量	单价	金额	税率	税额
耐磨润滑油		升	200	15	3 000.00	17%	510.00
合计					￥3 000.00		￥510.00
价税合计（大写）	人民币叁仟伍佰壹拾元整				￥3 510.00		
销货单位	名　　称：陕西飞跃石油化工发展有限公司 纳税人识别号：611105762574596 地 址 、电 话：西安市沣东新城丰产路西段 226 号 029－84311699 开户行及账号：建设银行支行沣东新城支行 61001868608053224803			备注	陕西飞跃石油化工发展有限公司 611105762574596 发票专用章		

收款人：　　复核：王阳　　开票人：江艳　　销货单位（章）：

第二联　抵扣联　购买方抵扣凭证

中国建设银行
转账支票存根（陕）

$\frac{A}{0}\frac{B}{2}$ 52000125

附加信息

出票日期 2017 年 08 月 10 日

收款人：陕西飞跃石油化工发展有限公司

金额：￥3 510.00

用途：支付货款

单位主管：陈平　　会计：张文

---

17. 8 月 11 日，购料，销售方代垫运费，运费按数量分配。

陕西增值税专用发票

全国统一发票监制章 陕西 发票联 国家税务局监制

5100067732X　　　　No. 20696521X

校验码 64216 87718 13208 34028　　　　开票日期：2017 年 08 月 11 日

购货单位	名　　称：方羽有限责任公司 纳税人识别号：610200388666666 地 址 、电 话：西安市莲湖路 379 号 029－87336264 开户行及账号：中国建设银行西安莲湖路支行 6100197004105222 2863	密码区	03 >8 >/+32 +</44/*649 - -5 >-4059 72 -3/+ -32 +5 +6/ +9 *6 <3 <56/2/51 38 +0393 - < -7 >771 *9/- <87 <79 +91 /** >/7/4 *501 *-6019 -76/2 <8925

货物或应税劳务的名称	规格型号	单位	数量	单价	金额	税率	税额
轴承		个	60	6 270	376 200. 00	17%	63 954. 00
转子		个	40	7 270	290 800. 00	17%	49 436. 00
合计					¥667 000. 00		¥113 390. 00
价税合计（大写）	人民币柒拾捌万零叁佰玖拾元整						¥780 390. 00

销货单位	名　　称：维赛轴承有限公司 纳税人识别号：610197388235612 地 址 、电 话：西安市星火路 33 号 029－86573622 开户行及账号：建设银行城北支行 61001868608053267579	备注	维赛轴承有限公司 610197388235612 发票专用章

收款人：　　　　复核：金阳　　　　开票人：李山　　　　销货单位（章）：

第三联 发票联 购买方记账凭证

货物运输业增值税专用发票

全国统一发票监制章 陕西 发票联 国家税务局监制

No. 57012843753

开票日期：2017 年 08 月 11 日

承运人及纳税人识别号	陕西运达货运公司 149987000007890	密码区	03 >8 >/+32 +</44/*649 - -5 >-4059 72 -3/+ -32 +5 +6/ +9 *6 <3 <56/2/51 38 +0393 - < -7 >771 *9/- <87 <79 +91 /** >/7/4 *501 *-6019 -76/2 <8925
实际受票方及纳税人识别号	方羽有限责任公司 610200388666666		

收货人及纳税人识别号	方羽有限责任公司 610200388666666	发货人及纳税人识别号	维赛轴承有限公司 610197388235612
起运地、经由、到达地	西安星火路至西安莲湖路		

费用项目及金额	费用项目	金额	费用项目	金额	运输货物信息	轴承转子
	运费	3 000. 00				

合计金额	¥3 000. 00	税率	11%	税额	330	机器编号	60230412
价税合计（大写）	人民币叁仟叁佰叁拾元整					（小写）	¥3 330. 00

车种车号		车船吨位		备注	陕西运达货运公司 149987000007890 发票专用章
主管税务机关及代码	西安市长安区国税局 4256788				

收款人：　　　　复核：李怡　　　　开票人：王红　　　　承运人（章）：

第三联 发票联 受票方记账凭证

陕西增值税专用发票

（印章：全国统一发票监制章　陕西　国家税务局监制）抵扣联

5100067732X　　No. 20696521X

校验码 64216 87718 13208 34028　　开票日期：2017 年 08 月 11 日

购货单位	名　　称：方羽有限责任公司 纳税人识别号：610200388666666 地 址 、电 话：西安市莲湖路 379 号 029－87336264 开户行及账号：中国建设银行西安莲湖路支行 6100197004105222863	密码区	03 >8 >/+32 +</44/＊649 －－5 >－4059 72－3/+－32 +5 +6/ +9 ＊6 <3 <56/2/51 38 +0393 －<－7 >771 ＊9/－<87 <79 +91 /＊＊>/7/4 ＊501 ＊－6019 －76/2 <8925

货物或应税劳务的名称	规格型号	单位	数量	单价	金额	税率	税额
轴承		个	60	6 270	376 200. 00	17%	63 954. 00
转子		个	40	7 270	290 800. 00	17%	49 436. 00
合计					￥667 000. 00		￥113 390. 00
价税合计（大写）	人民币柒拾捌万零叁佰玖拾元整						￥780 390. 00

销货单位	名　　称：维赛轴承有限公司 纳税人识别号：610197388235612 地 址 、电 话：西安市星火路 33 号 029－86573622 开户行及账号：建设银行城北支行 61001868608053267579	备注	（印章：维赛轴承有限公司 610197388235612 发票专用章）

收款人：　　复核：金阳　　开票人：李山　　销货单位（章）：

第二联　抵扣联　购买方抵扣凭证

货物运输业增值税专用发票

（印章：全国统一发票监制章　陕西　国家税务局监制）抵扣联

No. 57012843753

开票日期：2017 年 08 月 11 日

承运人及纳税人识别号	陕西运达货运公司 149987000007890	密码区	03 >8 >/+32 +</44/＊649 －－5 >－4059 72－3/+－32 +5 +6/ +9 ＊6 <3 <56/2/51 38 +0393 －<－7 >771 ＊9/－<87 <79 +91 /＊＊>/7/4 ＊501 ＊－6019 －76/2 <8925
实际受票方及纳税人识别号	方羽有限责任公司 610200388666666		

收货人及纳税人识别号	方羽有限责任公司 610200388666666	发货人及纳税人识别号	维赛轴承有限公司 610197388235612
起运地、经由、到达地	西安星火路至西安莲湖路		

费用项目及金额	费用项目	金额	费用项目	金额	运输货物信息	轴承转子
	运费	3 000. 00				

合计金额	￥3 000. 00	税率	11%	税额	330	机器编号	60230412
价税合计（大写）	人民币叁仟叁佰叁拾元整					（小写）	￥3 330. 00

车种车号		车船吨位		备注	（印章：陕西运达货运公司 149987000007890 发票专用章）
主管税务机关及代码	西安市长安区国税局 4256788				

收款人：　　复核：李怡　　开票人：王红　　承运人（章）：

第二联　抵扣联　受票方抵扣凭证

采购费分配表

2017 年 08 月 11 日

原材料	采购费	数量（个）	分费率	分配额
轴承		60		
转子		40		
合计	3 000	100		

复核：陈平　　　　制表：张文

收　料　单

收料仓库：原材料库　　　　2017 年 08 月 11 日　　　　收料单编号：130508

材料名称	单位	数量		单价	材料金额	运杂费	合计（实际成本）	实际单价
		应收数	实收数					
轴承	个	60	60	6 270	376 200	1 800	378 000	6 300
转子	个	40	40	7 270	290 800	1 200	292 000	7 300
合计					667 000	3 000	670 000. 00	
供货单位	维赛轴承有限公司		结算办法		合同号		130401	
备注								

此联由财务部门记账用

主管：邓旭佳　　质量采购员：颜颇　　入库验收：王伟　　仓库保管：王江

18. 8 月 12 日，购料。

江苏省增值税专用发票

140003358X　　　　（全国统一发票监制章 江苏 发票联 国家税务局监制）　　　　No. 531069376X

校验码 84216 87718 13208 54021　　　　开票日期：2017 年 08 月 12 日

购货单位	名 称：方羽有限责任公司 纳税人识别号：610200388666666 地 址 、电 话：西安市莲湖路 379 号 029－87336264 开户行及账号：中国建设银行西安莲湖路支行 61001970041052222863	密码区	03＞8＞/＋32＋＜/44/∗649－－5＞－4059 72－3/＋－32＋5＋6/＋9∗6＜3＜56/2/51 38＋0393－＜－7＞771∗9/－＜87＜79＋91 /∗∗＞/7/4∗501∗－6019－76/2＜8925

货物或应税劳务的名称	规格型号	单位	数量	单价	金额	税率	税额
定转子冲片		片	20 000	10.875	217 500.00	17%	36 975.00
300C 电机		台	20	15 650	313 000.00	17%	53 210.00
合计					¥530 500.00		¥90 185.00
价税合计（大写）	人民币陆拾贰万零陆佰捌拾伍元整						¥620 685.00

销货单位	名 称：东风电机冲片厂 纳税人识别号：320006110115687 地 址 、电 话：江苏常州定安西路 77 号 0519－6564783 开户行及账号：中国农业银行常州市武进支行 6228186860805326757	备注	（东风电机冲片厂 320006110115687 发票专用章）

收款人：　　　　复核：张敏　　　　开票人：王丽　　　　销货单位（章）：

第三联 发票联 购买方记账凭证

江苏省增值税专用发票

140003358X　　　　（全国统一发票监制章 江苏 抵扣联 国家税务局监制）　　　　No. 531069376X

校验码 84216 87718 13208 54021　　　　开票日期：2017 年 08 月 12 日

购货单位	名 称：方羽有限责任公司 纳税人识别号：610200388666666 地 址 、电 话：西安市莲湖路 379 号 029－87336264 开户行及账号：中国建设银行西安莲湖路支行 61001970041052222863	密码区	03＞8＞/＋32＋＜/44/∗649－－5＞－4059 72－3/＋－32＋5＋6/＋9∗6＜3＜56/2/51 38＋0393－＜－7＞771∗9/－＜87＜79＋91 /∗∗＞/7/4∗501∗－6019－76/2＜8925

货物或应税劳务的名称	规格型号	单位	数量	单价	金额	税率	税额
定转子冲片		片	20 000	10.875	217 500.00	17%	36 975.00
300C 电机		台	20	15 650	313 000.00	17%	53 210.00
合计					¥530 500.00		¥90 185.00
价税合计（大写）	人民币陆拾贰万零陆佰捌拾伍元整						¥620 685.00

销货单位	名 称：东风电机冲片厂 纳税人识别号：320006110115687 地 址 、电 话：江苏常州定安西路 77 号 0519－6564783 开户行及账号：中国农业银行常州市武进支行 6228186860805326757	备注	（东风电机冲片厂 320006110115687 发票专用章）

收款人：　　　　复核：张敏　　　　开票人：王丽　　　　销货单位（章）：

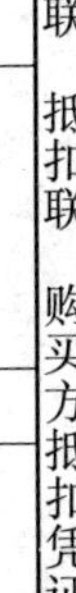

第二联 抵扣联 购买方抵扣凭证

19. 8 月 13 日，支付 12 日购料运费，运费按箱分配。

货物运输业增值税专用发票

全国统一发票监制章 陕西 国家税务局监制

发票联

No. 57012843792

开票日期：2017 年 08 月 13 日

承运人及纳税人识别号	陕西运达货运公司 149987000007890	密码区	03 >8 >/+32 +</44/∗649 − −5 >−4059 72 −3/+−32 +5 +6/ +9 ∗6 <3 <56/2/51 38 +0393 −<−7 >771 ∗9/−<87 <79 +91 /∗∗ >/7/4 ∗501 ∗−6019 −76/2 <8925
实际受票方及纳税人识别号	方羽有限责任公司 610200388666666		
收货人及纳税人识别号	方羽有限责任公司 610200388666666	发货人及纳税人识别号	东风电机冲片厂 320006110115687
起运地、经由、到达地	西安星火路至西安莲湖路		
费用项目及金额	费用项目　金额　费用项目　金额 运费　16 500.00	运输货物信息	电机定转子冲片 300C 电机
合计金额	¥16 500.00	税率	11%
税额	1 815.00	机器编号	7010615
价税合计（大写）	人民币壹万捌仟叁佰壹拾伍元整	（小写）	¥18 315.00
车种车号		车船吨位	
主管税务机关及代码	西安市长安区国税局 4256788	备注	陕西运达货运公司 149987000007890 发票专用章 承运人(章)

收款人：　　复核：李怡　　开票人：王红

第三联　发票联　受票方记账凭证

货物运输业增值税专用发票

全国统一发票监制章 陕西 国家税务局监制

抵扣联

No. 57012843792

开票日期：2017 年 08 月 13 日

承运人及纳税人识别号	陕西运达货运公司 149987000007890	密码区	03 >8 >/+32 +</44/∗649 − −5 >−4059 72 −3/+−32 +5 +6/ +9 ∗6 <3 <56/2/51 38 +0393 −<−7 >771 ∗9/−<87 <79 +91 /∗∗ >/7/4 ∗501 ∗−6019 −76/2 <8925
实际受票方及纳税人识别号	方羽有限责任公司 610200388666666		
收货人及纳税人识别号	方羽有限责任公司 610200388666666	发货人及纳税人识别号	东风电机冲片厂 320006110115687
起运地、经由、到达地	西安星火路至西安莲湖路		
费用项目及金额	费用项目　金额　费用项目　金额 运费　16 500.00	运输货物信息	电机定转子冲片 300C 电机
合计金额	¥16 500.00	税率	11%
税额	1 815.00	机器编号	7010615
价税合计（大写）	人民币壹万捌仟叁佰壹拾伍元整	（小写）	¥18 315.00
车种车号		车船吨位	
主管税务机关及代码	西安市长安区国税局 4256788	备注	陕西运达货运公司 149987000007890 发票专用章 承运人(章)

收款人：　　复核：李怡　　开票人：王红

第二联　抵扣联　受票方抵扣凭证

采购费分配表

2017 年 08 月 13 日

原材料	采购费	数量（箱）	分费率	分配额
定转子冲片		1		
300C 电机		10		
合计	16 500	11		

复核：陈平　　　　制表：张文

中国建设银行
转账支票存根（陕）

$\frac{A}{0}\frac{B}{2}$ 52000126

附加信息

出票日期 2017 年 08 月 13 日

收款人：陕西运达货运公司

金额：￥18 315.00

用途：支付运费

单位主管：陈平　　　会计：张文

20. 8 月 14 日，12 日所购材料验收入库。

收　料　单

收料仓库：原材料库　　　2017 年 08 月 14 日　　　收料单编号：130509

材料名称	单位	数量		单价	材料金额	运杂费	合计（实际成本）	实际单价
		应收数	实收数					
定转子冲片	片	20 000	20 000	10.875	217 500	1 500	219 000	10.95
300C 电机	台	20	20	15 650	313 000	15 000	328 000	16 400
合计					667 000	3 000	670 000.00	
供货单位	东风电机冲片厂	结算办法		合同号		130411		
备注								

此联由财务部门记账用

主管：邓旭佳　　　质量采购员：颜颇　　　入库验收：王伟　　　仓库保管：王江

21. 8 月 15 日，领料。

领　料　单

2017 年 08 月 15 日

领料单位：车间

用途：生产 315 型变频电机　　　　发料仓库：1 号仓库

品名	单位	数量		单位成本	领料成本	领料人
		请领	实领			
定转子冲片	片	2 000	2 000			于博
轴承	个	13	13			于博

车间审批：郭远航　　　　保管员：王江

领　料　单

2017 年 08 月 15 日

领料单位：车间

用途：生产 315 型变频电机　　　　发料仓库：1 号仓库

品名	单位	数量		单位成本	领料成本	领料人
		请领	实领			
转子	个	9	9			于博
300C 电机	台	10	10			于博

车间审批：郭远航　　　　保管员：王江

领　料　单

2017 年 08 月 15 日

领料单位：车间

用途：生产 316 型变频电机　　　　发料仓库：1 号仓库

品名	单位	数量		单位成本	领料成本	领料人
		请领	实领			
转子	个	3	3			于博
300C 电机	台	4	4			于博

车间审批：郭远航　　　　保管员：王江

22. 8月16日，领料。

领　料　单

2017年08月16日

领料单位：车间

用途：生产316型变频电机　　　　发料仓库：1号仓库

品名	单位	数量		单位成本	领料成本	领料人
		请领	实领			
定转子冲片	片	6 800	6 800			于博
轴承	个	20	20			于博

车间审批：郭远航　　　　保管员：王江

领　料　单

2017年08月16日

领料单位：车间

用途：生产316型变频电机　　　　发料仓库：1号仓库

品名	单位	数量		单位成本	领料成本	领料人
		请领	实领			
转子	个	4	4			于博
300C电机	台	3	3			于博

车间审批：郭远航　　　　保管员：王江

领　料　单

2017年08月16日

领料单位：车间

用途：生产316型变频电机　　　　发料仓库：1号仓库

品名	单位	数量		单位成本	领料成本	领料人
		请领	实领			
耐磨润滑油	升	100	100			于博

车间审批：郭远航　　　　保管员：王江

23. 8 月 16 日，预借差旅费。

出差申请表

填表时间：2017 年 08 月 16 日

申请人	姓名	颜颇		同行者	姓名	
	职务				职务	
出差目的地	北京		主要交通工具	☑飞机　□火车　□汽车		
计划出差时间	2017 年 08 月 19 日至 2017 年 08 月 21 日共 3 天					
出差事由	技术交流					
预借款项	有　3 000　元		部门负责人审核	李浩		
			财务签批	陈平		
	无		总经理核准	姜德睿		

借　款　单

2017 年 08 月 16 日

申请部门	采购部	申请金额	¥3 000.00（人民币大写）：叁仟元整	
申请理由及用途	外出公差备用			
借款申请人	颜颇	申请部门负责人（签署部门意见）		同意　陈平
总经理审批 同意 姜德睿 2017 年 08 月 16 日			财务部门核准 借款额度合理 现金付讫 陈平 2017 年 08 月 16 日	

24. 8 月 16 日，提现。

中国建设银行
现金支票存根（陕）

$\frac{A}{0}\frac{B}{2}$　59001132

附加信息

出票日期 2017 年 08 月 16 日 收款人：方羽有限责任公司
金　　额：¥6 000.00
用　　途：备用金

单位主管：陈平　　　　会计：张文

25. 8 月 17 日，办公室报销招待费。

业务招待费报销单

2017 年 08 月 17 日　　　　No. 132

来宾单位	金泰工程有限公司		接待时间	2017 年 08 月 17 日	
接待部门	厂办		接待部门领导签字	文正熙	
财务部审核	费用额度合理 陈平		公司领导签字	同意 姜德睿	
报销金额	人民币（大写）壹仟元整			¥1 000.00	
出纳	王琳	复核人	张文	报销人	王琳

附单据壹张

现金付讫

陕西省增值税普通发票

（全国统一发票监制章 陕西 国家税务局监制）发票联

6100153320 No. 13633167

校验码 67216 11218 28728 66873 开票日期：2017 年 08 月 17 日

购货单位	名称：方羽有限责任公司 纳税人识别号：610200388666666 地址、电话：西安市莲湖路 379 号 029－87336264 开户行及账号：中国建设银行西安莲湖路支行 61001970041052222863	密码区	03 >8 >/+32 +</44/∗649 − −5 >−4059 72 −3/+ −32 +5 +6/ +9 ∗6 <3 <56/2/51 38 +0393 −< −7 >771 ∗9/−<87 <79 +91 /∗∗ >/7/4 ∗501 ∗−6019 −76/2 <8925

货物或应税劳务的名称	规格型号	单位	数量	单价	金额	税率	税额
餐费					943.40	6%	56.60
合计					¥943.40		¥56.60
价税合计（大写）	人民币壹仟元整					（小写）	¥1 000.00

销货单位	名称：简阳市海捞餐饮有限公司西安分公司 纳税人识别号：91610402MA6XMEYG6G 地址、电话：西安市莲湖路 10 号 029－83117264 开户行及账号：中国银行股份有限公司西安市莲湖路支行 102466366825	备注	（简阳市海捞餐饮有限公司西安分公司 91610402MA6XMEYG6G 发票专用章）

收款人：江乐 复核：李文 开票人：王红 销货单位（章）：

第二联 发票联 购买方记账凭证

26. 8 月 18 日，修理固定资产。

陕西省增值税专用发票

（全国统一发票监制章 陕西 国家税务局监制）发票联

6102265831 No. 1365895243

校验码 57216 11218 28728 66871 开票日期：2017 年 08 月 18 日

购货单位	名称：方羽有限责任公司 纳税人识别号：610200388666666 地址、电话：西安市莲湖路 379 号 029－87336264 开户行及账号：中国建设银行西安莲湖路支行 61001970041052222863	密码区	03 >8 >/+32 +</44/∗649 − −5 >−4059 72 −3/+ −32 +5 +6/ +9 ∗6 <3 <56/2/51 38 +0393 −< −7 >771 ∗9/−<87 <79 +91 /∗∗ >/7/4 ∗501 ∗−6019 −76/2 <8925

货物或应税劳务的名称	规格型号	单位	数量	单价	金额	税率	税额
机床修理费		台	1		5 000.00	17%	850.00
合计					¥5 000.00		¥850.00
价税合计（大写）	人民币伍仟捌佰伍拾元整					（小写）	¥5 850.00

销货单位	名称：陕西信诚数控设备厂 纳税人识别号：320508765155791 地址、电话：陕西咸阳市乐育路 36 号 029－33735480 开户行及账号：工行人民路支行 1102020309000022548	备注	（陕西信诚数控设备厂 610508765155791 发票专用章）

收款人： 复核：宋迪 开票人：何锋 销货单位（章）：

第三联 发票联 购买方记账凭证

陕西省增值税专用发票

全国统一发票监制章 陕西 国家税务局监制

抵扣联

6102265831　　　　　　　　　　　　No. 1365895243

校验码 57216 11218 28728 66871　　　　开票日期：2017 年 08 月 18 日

购货单位	名　　称：方羽有限责任公司 纳税人识别号：610200388666666 地 址 、电 话：西安市莲湖路 379 号 029－87336264 开户行及账号：中国建设银行西安莲湖路支行 6100197004105222863	密码区	03＞8＞/＋32＋＜/44/＊649－－5＞－4059 72－3/＋－32＋5＋6/＋9＊6＜3＜56/2/51 38＋0393－＜－7＞771＊9/－＜87＜79＋91 /＊＊＞/7/4＊501＊－6019－76/2＜8925

货物或应税劳务的名称	规格型号	单位	数量	单价	金额	税率	税额
机床修理费		台	1		5 000.00	17%	850.00
合计					¥5 000.00		¥850.00
价税合计（大写）	人民币伍仟捌佰伍拾元整				（小写）¥5 850.00		

销货单位	名　　称：陕西信诚数控设备厂 纳税人识别号：320508765155791 地 址 、电 话：陕西咸阳市乐育路 36 号 029－33735480 开户行及账号：工行人民路支行 1102020309000022548	备注	陕西信诚数控设备厂 610508765155791 发票专用章

收款人：　　　复核：宋迪　　　开票人：何锋　　　销货单位（章）：

第二联　抵扣联　购买方抵扣凭证

中国建设银行（陕）
转账支票存根

$\frac{A}{0}\frac{B}{2}$ 52000127

附加信息

出票日期 2017 年 08 月 18 日
收款人：陕西信诚数控设备厂
金　　额：¥5 850.00
用　　途：支付修理费

单位主管：陈平　　　会计：张文

27. 8 月 19 日，购买办公用品。

陕西省增值税专用发票

（印章：全国统一发票监制章 陕西 发票联 国家税务局监制）

6103365871　　　　　　　　　　　　　No. 1415895527

校验码 65172 11218 28728 75219　　　　开票日期：2017 年 08 月 19 日

购货单位	名　　　称：方羽有限责任公司 纳税人识别号：610200388666666 地 址 、电 话：西安市莲湖路 379 号 029 - 87336264 开户行及账号：中国建设银行西安莲湖路支行 6100197004105222863	密码区	03 >8 >/+32 +</44/*649 --5 >-4059 72 -3/+ -32 +5 +6/ +9 *6 <3 <56/2/51 38 +0393 -< -7 >771 *9/- <87 <79 +91 /** >/7/4 *501 *-6019 -76/2 <8925

货物或应税劳务的名称	规格型号	单位	数量	单价	金额	税率	税额
文件夹		个	50	10	500.00	17%	85.00
卡西欧计算器		个	10	50	500.00		85.00
档案盒		个	50	20	1 000.00		170.00
合计					¥2 000.00		¥340.00
价税合计（大写）	人民币贰仟叁佰肆拾元整						（小写） ¥2 340.00

销货单位	名　　　称：陕西华润万家生活超市有限公司 纳税人识别号：610000755220386 地 址 、电 话：陕西省西安市莲湖区大庆路 120 号 029 - 84203636 开户行及账号：建行大庆路支行 6102020309000024572	备注	（印章：陕西华润万家生活超市有限公司 610000755220386 发票专用章）

收款人：　　　　复核：杨阳　　　　开票人：江蓉　　　　销货单位（章）：

第三联 发票联 购买方记账凭证

陕西省增值税专用发票

（印章：全国统一发票监制章 陕西 抵扣联 国家税务局监制）

6103365871　　　　　　　　　　　　　No. 1415895527

校验码 65172 11218 28728 75219　　　　开票日期：2017 年 08 月 19 日

购货单位	名　　　称：方羽有限责任公司 纳税人识别号：610200388666666 地 址 、电 话：西安市莲湖路 379 号 029 - 87336264 开户行及账号：中国建设银行西安莲湖路支行 6100197004105222863	密码区	03 >8 >/+32 +</44/*649 --5 >-4059 72 -3/+ -32 +5 +6/ +9 *6 <3 <56/2/51 38 +0393 -< -7 >771 *9/- <87 <79 +91 /** >/7/4 *501 *-6019 -76/2 <8925

货物或应税劳务的名称	规格型号	单位	数量	单价	金额	税率	税额
文件夹		个	50	10	500.00	17%	85.00
卡西欧计算器		个	10	50	500.00		85.00
档案盒		个	50	20	1 000.00		170.00
合计					¥2 000.00		¥340.00
价税合计（大写）	人民币贰仟叁佰肆拾元整						（小写） ¥2 340.00

销货单位	名　　　称：陕西华润万家生活超市有限公司 纳税人识别号：610000755220386 地 址 、电 话：陕西省西安市莲湖区大庆路 120 号 029 - 84203636 开户行及账号：建行大庆路支行 6102020309000024572	备注	（印章：陕西华润万家生活超市有限公司 610000755220386 发票专用章）

收款人：　　　　复核：杨阳　　　　开票人：江蓉　　　　销货单位（章）：

第二联 抵扣联 购买方抵扣凭证

中国建设银行
转账支票存根（陕）

$\frac{A}{0}\frac{B}{2}$ 52000128

附加信息

出票日期 2017 年 08 月 19 日

收款人：陕西华润万家生活超市有限公司

金额：￥2 340. 00

用途：支付办公用品费

单位主管：陈平　　会计：张文

办公用品发放表

2017 年 08 月 19 日

领用部门	商品类别	领用数量	金额	签名
车间管理部门	文件夹	25	250	郭远航
	档案盒	25	500	郭远航
	卡西欧计算器	5	250	郭远航
小计			1 000	
行政管理部门	文件夹	25	250	文正熙
	档案盒	25	500	文正熙
	卡西欧计算器	5	250	文正熙
小计			1 000	
合计			2 000	

28. 8 月 20 日，销售产品。

陕西省增值税专用发票

全国统一发票监制章　陕西　国家税务局监制

61000467874　　记账联　　No. 103277557

开票日期：2017 年 08 月 20 日

购货单位	名　　称：德奥动力设备公司 纳税人识别号：342524000004198 地 址 、电 话：安徽合肥芜湖路 32 号 0551 －2874516 开户行及账号：中国工商银行合肥市包河区支行 1302010109024930814	密码区	03 >8 >/+32 +</44/∗649 －－5 >－4059 72 －3/+－32 +5 +6/ +9 ∗6 <3 <56/2/51 38 +0393 －<－7 >771 ∗9/－<87 <79 +91 /∗∗ >/7/4 ∗501 ∗－6019 －76/2 <8925

货物或应税劳务的名称	规格型号	单位	数量	单价	金额	税率	税额
变频电机	315 型	台	10	120 000	1 200 000. 00	17%	204 000. 00
合计					¥1 200 000. 00		¥204 000. 00
价税合计（大写）	人民币壹佰肆拾万肆仟元整				（小写）¥1 404 000. 00		

销货单位	名　　称：方羽有限责任公司 纳税人识别号：610200388666666 地 址 、电 话：西安市莲湖路 379 号 029 －87336264 开户行及账号：中国建设银行西安莲湖路支行 61001970041052222863	备注	方羽有限责任公司　610200388666666　发票专用章

收款人：　　复核：张文　　开票人：王琳　　销货单位（章）：

第一联　记账联　销货方记账凭证

29. 8 月 21 日，销售产品。

陕西省增值税专用发票

全国统一发票监制章　陕西　国家税务局监制

61000467925　　记账联　　No. 103277673

开票日期：2017 年 08 月 21 日

购货单位	名　　称：白云液压机械厂 纳税人识别号：440101890468472 地 址 、电 话：广州市白云区蚌湖白象岭白源 工业园　020 －86039036 开户行及账号：中国建设银行广州市白云区支行 6225432805565873268l	密码区	03 >8 >/+32 +</44/∗649 －－5 >－4059 72 －3/+－32 +5 +6/ +9 ∗6 <3 <56/2/51 38 +0393 －<－7 >771 ∗9/－<87 <79 +91 /∗∗ >/7/4 ∗501 ∗－6019 －76/2 <8925

货物或应税劳务的名称	规格型号	单位	数量	单价	金额	税率	税额
变频电机	315 型	台	6	120 000	720 000. 00	17%	122 400. 00
合计					¥720 000. 00		¥122 400. 00
价税合计（大写）	人民币捌拾肆万贰仟肆佰元整				（小写）¥842 400. 00		

销货单位	名　　称：方羽有限责任公司 纳税人识别号：610200388666666 地 址 、电 话：西安市莲湖路 379 号 029 －87336264 开户行及账号：中国建设银行西安莲湖路支行 61001970041052222863	备注	方羽有限责任公司　610200388666666　发票专用章

收款人：　　复核：张文　　开票人：王琳　　销货单位（章）：

第一联　记账联　销货方记账凭证

30. 8 月 22 日，报销差旅费。

差旅费报销单

部门：厂办　　2017 年 08 月 22 日　　No. 20130608

报销人			颜颇		出差事由		洽谈合同			
日期	出发地	到达地	市内交通补助		伙食补贴		车（船）票	出差补贴	住宿费	合计金额
			天数	金额	天数	金额				
8.19	西安	北京	1	20			1 220	100	200	1 540
8.20	北京		1	20				100	200	320
8.21	北京	西安	1	20			1 220	100		1 340
合计				60			2 440	300	400	3 200
报销金额合计人民币（大写）：叁仟贰佰元整										
预借金额：¥3 000.00					结余（超支）：¥200.00					
单位领导		姜德睿			会计主管			陈平		
出纳		王琳			审核			张文		

附单据叁张

现金付讫

北京增值税普通发票

全国统一发票监制章 北京 发票联 国家税务局监制

51145625293　　No. 31418787

校验码 83216 42018 27713 10757　　开票日期：2017 年 08 月 21 日

购货单位	名　称：方羽有限责任公司 纳税人识别号：610200388666666 地 址 、电 话：西安市莲湖路 379 号 029－87336264 开户行及账号：中国建设银行西安莲湖路支行 61001970041052222863				密码区	03＞8＞/＋32＋＜/44/＊649－－5＞－4059 72－3/＋－32＋5＋6/＋9＊6＜3＜56/2/51 38＋0393－＜－7＞771＊9/－＜87＜79＋91 /＊＊＞/7/4＊501＊－6019－76/2＜8925		
货物或应税劳务的名称	规格型号	单位	数量	单价		金额	税率	税额
住宿费						377.36	6%	22.64
合计						¥377.36		¥22.64
价税合计（大写）	人民币肆佰元整							¥400.00
销货单位	名　称：北京和平里宾馆有限公司 纳税人识别号：110101101211296 地 址 、电 话：北京市东城区兴化路 010－64286868 开户行及账号：中国建设银行东城区支行 61001567407204567765				备注	北京和平里宾馆有限公司 110101101211296 发票专用章		

收款人：张乐　　复核：张想　　开票人：苏薇　　销货单位（章）：

第二联 发票联 购买方记账凭证

航空运输电子客票行程单

印刷序号：100000040

票客姓名：颜颇			有效身份证件号码 610324198402130062				签注：不得签转变更退票收费		
	承运人	航班号	座位等级	日期	时间	客票级别/类票类别	客票生效日期	有效截止日期	免费行李
FROM 西安 TO 北京	国航	CA1306	Y	20170819	11：45	Y			
	票价 1 170.00		机场建设费 50.00		合计 1 220.00				
电子客票号码 78459667470620			验证码 405613		提示信息 CA1306 乘机		保险费 00.00		
销售单位代码 CTU123 293847203			填开单位：高山流水航空票务服务责任有限公司				填开日期 2017－08－21		

航空运输电子客票行程单

印刷序号：100000078

票客姓名：颜颇			有效身份证件号码 610324198402130062				签注：不得签转变更退票收费		
	承运人	航班号	座位等级	日期	时间	客票级别/类票类别	客票生效日期	有效截止日期	免费行李
FROM 北京 TO 西安	国航	CA1306	Y	20170821	12：30	Y			
	票价 1 170.00		机场建设费 50.00		合计 1 220.00				
电子客票号码 78459667475932			验证码 435481		提示信息 CA1307 乘机		保险费 00.00		
销售单位代码 CTU123 293847203			填开单位：高山流水航空票务服务责任有限公司				填开日期 2017－08－21		

31. 8 月 23 日，销售产品。

陕西省增值税专用发票

61000467875　　　　全国统一发票监制章 陕西 国家税务局监制　　　　No. 103277997

记账联　　　　开票日期：2017 年 08 月 23 日

购货单位	名　　称：盛达机电设备有限公司 纳税人识别号：610305169439383 地 址 、电 话：西安市未央路 136 号 029－88330657 开户行及账号：中国工商银行西安分行城北支行 6102604804524597423	密码区	03 >8 >/+32 +</44/*649 – –5 >–4059 72 –3/+ –32 +5 +6/ +9 *6 <3 <56/2/51 38 +0393 –< –7 >771 *9/–<87 <79 +91 /** >/7/4 *501 * –6019 –76/2 <8925

货物或应税劳务的名称	规格型号	单位	数量	单价	金额	税率	税额
变频电机	315 型	台	4	120 000	480 000. 00	17%	81 600. 00
合计					￥480 000. 00		￥81 600. 00
价税合计（大写）	人民币伍拾陆万壹仟陆佰元整					（小写）	￥561 600. 00

销货单位	名　　称：方羽有限责任公司 纳税人识别号：610200388666666 地 址 、电 话：西安市莲湖路 379 号 029－87336264 开户行及账号：中国建设银行西安莲湖路支行 61001970041052222863	备注	方羽有限责任公司 610200388666666 发票专用章

收款人：　　　　复核：张文　　　　开票人：王琳　　　　销货单位（章）：

第一联　记账联　销货方记账凭证

中国建设银行进账单（收账通知）

2017 年 08 月 23 日　　　　No. 3975

汇款人	全　　称	盛达机电设备有限公司	收款人	全　　称	方羽有限责任公司
	账　　号	6102604804524597423		账　　号	61001970041052222863
	开户银行	中国工商银行西安分行城北支行		开户银行	中国建设银行西安莲湖路支行

人民币（大写）	伍拾陆万壹仟陆佰元整	千	百	十	万	千	百	十	元	角	分
				￥	5	6	1	6	0	0	0	0

票据种类	转账支票	中国建设银行西安莲湖路支行 2017年8月23日 转讫 收款人开户行盖章
票据张数	1 张	
单位主管　靳云　　会计　吴成 复核　王芳　　记账　司倩		

32. 8 月 25 日，收到 21 日销货款。

中国建设银行电子汇划进账凭证

2017 年 08 月 25 日　　　　No. 3395

付款人	全　称	白云液压机械厂	收款人	全　称	方羽有限责任公司
	账　号	62254328055658732681		账　号	61001970041052222863
	开户银行	中国建设银行广州市白云区支行		开户银行	中国建设银行西安莲湖路支行

人民币（大写）	捌拾肆万贰仟肆佰元整	千	百	十	万	千	百	十	元	角	分
			¥	8	4	2	4	0	0	0	0

备注：货款	收款人开户行盖章

中国建设银行西安莲湖路支行　2017年8月25日　转讫

33. 8 月 29 日，支付罚款。

陕西省行政事业单位收款收据

2017 年 08 月 29 日　　　　No. 1012561

交款单位名称（或姓名）　方羽有限责任公司

摘　　要　排污超标

人 民 币　壹仟元整　　¥1 000.00

备　　注

西安市环保局

出纳：许海　　　经手人：王芳　　　单位盖章：

第三联　交款单位记账凭证

34. 8 月 30 日，接受捐赠。

中国建设银行进账单（收账通知）

2017 年 08 月 30 日　　　　No. 3995

汇款人	全　称	汇欣有限责任公司	收款人	全　称	方羽有限责任公司
	账　号	6102604804524584579		账　号	6100197004105222863
	开户银行	中国工商银行西安长安区支行		开户银行	中国建设银行西安莲湖路支行

人民币（大写）	陆万元整	千	百	十	万	千	百	十	元	角	分
				¥	6	0	0	0	0	0	0

票据种类	转账支票	收款人开户行盖章
票据张数	1 张	
单位主管　靳云　会计　吴成 复核　王芳　记账　司倩		

中国建设银行西安莲湖路支行 2017年8月30日 转讫

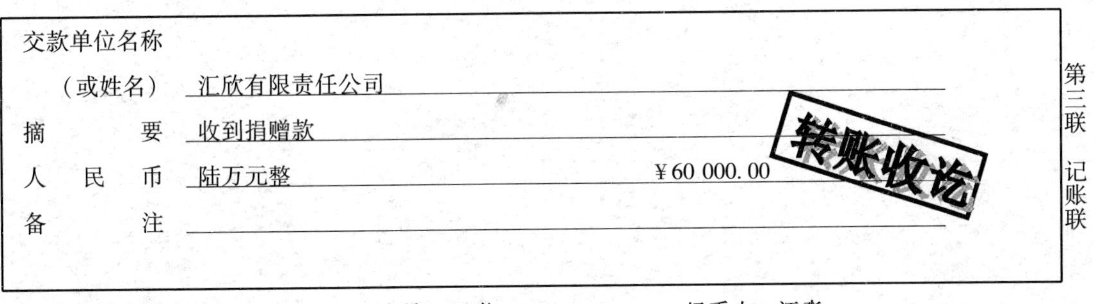

收　款　收　据

2017 年 08 月 30 日　　　　No. 1012437

交款单位名称（或姓名）　汇欣有限责任公司

摘　　要　收到捐赠款

人　民　币　陆万元整　　¥ 60 000. 00

备　　注

转账收讫

第三联　记账联

会计：张文　　出纳：王琳　　经手人：汪淼

35. 8 月 31 日，发料汇总。

采用月末一次加权平均法计算出的各种材料单价为：定转子冲片 10. 95 元/片，轴承 6 300 元/个，转子 7 300 元/个，300C 电机 16 400 元/台，耐磨润滑油 15 元/升。

发料凭证汇总表

2017 年 08 月 31 日

领料单位：车间　　　　　　　　　　　　　　　　　　　　　发料仓库：1 号仓库

材料 用途	定转子冲片	轴承	转子	300C 电机	耐磨润滑油	合计
生产 315 型变频电机						
生产 316 型变频电机						
车间机器设备						
合计						

复核：陈平　　　　　　　　　　　　　　　　　　制表：张文

36. 8 月 31 日，计算分配本月工资。

职工工资计算表

2017 年 08 月 31 日

职员编号	职员姓名	所属部门	人员类别	基本工资	应扣工资	应付工资
004	梁朔	销售部	销售人员	3 100		3 100
005	张建荣	销售部	销售人员	3 200		3 200
……	……	……	……	……	……	……
合计		销售部	销售人员			40 000
013	郭远航	生产车间	管理人员	3 400		3 400
014	王伟	生产车间	管理人员	3 200		3 200
……	……	……	……	……	……	……
合计		生产车间	管理人员			120 000
001	姜德睿	厂办	管理人员	3 500		3 500
002	李浩	厂办	管理人员	3 200		3 200
003	杨慧	厂办	管理人员	2 800		2 800
……	……	……	……	……	……	……
合计			管理人员			60 000
015	郭杰	生产车间	生产 315 人员	3 000		3 000
016	李欢欢	生产车间	生产 315 人员	3 000		3 000
……	……	……	……	……	……	……
合计		生产车间	生产 315 人员			160 000
031	王伟	生产车间	生产 316 人员	3 000		3 000
032	张力	生产车间	生产 316 人员	3 000		3 000
……	……	……	……	……	……	……
合计		生产车间	生产 316 人员			240 000
总计						620 000

复核：陈平　　　　　　　　　　　　　　　　　　制表：张文

工资计算汇总表

2017 年 08 月 31 日

职员类别	应付工资	应扣工资	实付工资
生产 315 变频电机工人			
生产 316 变频电机工人			
车间管理人员			
厂部管理人员			
销售人员			
合计			

复核：陈平　　　　　　　　　　　　制表：张文

37. 8 月 31 日，计算并发放现金福利。

方羽有限责任公司文件

2017 年第 10 号

各部门：

经 2017 年 08 月 30 日董事会会议研究决定，按照每名在册职工 2017 年 08 月应付工资的 50% 发放职工现金福利，希望所有员工再接再厉，努力完成下半年任务。

方羽有限责任公司董事会

2017 年 08 月 30 日

现金福利计算表

2017 年 08 月 31 日

职员编号	职员姓名	所属部门	人员类别	应付工资	现金福利
004	梁朔	销售部	销售人员	3 100	1 550
005	张建荣	销售部	销售人员	3 200	1 600
……	……	……	……	……	……
合计		销售部	销售人员	40 000	20 000
013	郭远航	生产车间	管理人员	3 400	1 700
014	王伟	生产车间	管理人员	3 200	1 600
……	……	……	……	……	……
合计		生产车间	管理人员	120 000	60 000
001	姜德睿	厂办	管理人员	3 500	1 750
002	李浩	厂办	管理人员	3 200	1 600
003	杨慧	厂办	管理人员	2 800	1 400
……	……	……	……	……	……
合计			管理人员	60 000	30 000
015	郭杰	生产车间	生产 315 人员	3 000	1 500
016	李欢欢	生产车间	生产 315 人员	3 000	1 500
……	……	……	……	……	……
合计		生产车间	生产 315 人员	160 000	80 000
031	王伟	生产车间	生产 316 人员	3 000	1 500
032	张力	生产车间	生产 316 人员	3 000	1 500
……	……	……	……	……	……
合计		生产车间	生产 316 人员	240 000	120 000
总计				620 000	310 000

复核：陈平　　　　　　　　　　制表：张文

现金福利计算汇总表

2017 年 08 月 31 日

职员类别	所属部门	应付工资	现金福利
生产 315 变频电机工人	生产车间		
生产 316 变频电机工人	生产车间		
车间管理人员	生产车间		
厂部管理人员	厂办		
销售人员	销售部		
合计			

复核：陈平　　　　　　　　　　制表：张文

中国建设银行
转账支票存根（陕）

$\frac{A}{0}\frac{B}{2}$　52000129

附加信息

出票日期 2017 年 08 月 31 日 收款人：方羽有限责任公司
金额：￥310 000. 00
用途：支付现金福利

单位主管：陈平　　　　会计：张文

38. 8 月 31 日，计提固定资产折旧。

固定资产折旧计算表

2017 年 08 月 31 日

资产名称	原值	使用部门	可使用月数	已折旧月数	折旧方法	残值率	月折旧额
办公楼	4 500 000	管理部门	240	124	直线法	3%	18 187.5
机器设备	3 300 000	生产部门	120	31	双倍余额递减法	5%	85 500
小汽车	120 000	管理部门	48	21	直线法	5%	2 375
运输汽车	228 000	销售部门	48	39	直线法	5%	4 512.5
电子设备	36 000	管理部门	36	11	直线法	3%	970
电子设备	9 900	销售部门	36	11	直线法	3%	266.75
合计							111 811.75

复核：陈平　　　　　　　　　　　　制表：张文

39. 8 月 31 日，支付电费。

陕西省增值税专用发票

（印章：全国统一发票监制章 陕西 国家税务局监制）发票联

4112125789　　　　　　　　　　　　No. 21812672

校验码 65216 87318 27208 61082　　　　开票日期：2017 年 08 月 31 日

购货单位	名　称：方羽有限责任公司 纳税人识别号：610200388666666 地 址 、电 话：西安市莲湖路 379 号 029－87336264 开户行及账号：中国建设银行西安莲湖路支行 6100197004105222863	密码区	03 >8 >/+32 +</44/∗649 −−5 >−4059 72 −3/+ −32 +5 +6/ +9 ∗6 <3 <56/2/51 38 +0393 −<−7 >771 ∗9/−<87 <79 +91 /∗∗ >/7/4 ∗501 ∗−6019 −76/2 <8925

货物或应税劳务的名称	规格型号	单位	数量	单价	金额	税率	税额
电费	居民用电	度	8 875	0.80	7 100.00	17%	1 207.00
电费	工业用电	度	29 500	1.05	30 975.00		5 265.75
合计					¥38 075.00		¥6 472.75
价税合计（大写）	人民币肆万肆仟伍佰肆拾柒元柒角伍分					（小写）	¥44 547.75

销货单位	名　称：西安市供电局 纳税人识别号：610006110115687 地 址 、电 话：西安市环城东路 159 号 029－83302222 开户行及账号：中国工商银行西安市兴庆路支行 1102029988887765432	备注	（印章：西安市供电局 610006110115687 发票专用章）

收款人：　　　　复核：肖玉　　　　开票人：田苗　　　　销货单位（章）：

第三联　发票联　购买方记账凭证

陕西省增值税专用发票

（全国统一发票监制章 陕西 国家税务局监制）抵扣联

4112125789　　　　No. 21812672

校验码 65216 87318 27208 61082　　　　开票日期：2017 年 08 月 31 日

购货单位	名　　称：方羽有限责任公司 纳税人识别号：610200388666666 地 址 、电 话：西安市莲湖路 379 号 029－87336264 开户行及账号：中国建设银行西安莲湖路支行 61001970041052222863	密码区	03 >8 >/+32 +</44/∗649 - -5 > -4059 72 -3/+ -32 +5 +6/ +9 ∗6 <3 <56/2/51 38 +0393 - < -7 >771 ∗9/- <87 <79 +91 /∗∗ >/7/4 ∗501 ∗ -6019 -76/2 <8925

货物或应税劳务的名称	规格型号	单位	数量	单价	金额	税率	税额
电费	居民用电	度	8 875	0. 80	7 100. 00	17%	1 207. 00
电费	工业用电	度	29 500	1. 05	30 975. 00		5 265. 75
合计					¥38 075. 00		¥6 472. 75
价税合计（大写）	人民币肆万肆仟伍佰肆拾柒元柒角伍分				（小写） ¥44 547. 75		

销货单位	名　　称：西安市供电局 纳税人识别号：610006110115687 地 址 、电 话：西安市环城东路 159 号 029－83302222 开户行及账号：中国工商银行西安市兴庆路支行 1102029988887765432	备注	（西安市供电局 610006110115687 发票专用章）

收款人：　　　复核：肖玉　　　开票人：田苗　　　销货单位（章）：

第二联 抵扣联 付款方抵扣凭证

委电

委托收款凭证（付款通知）

托收号码：No. 29

委托日期：2017 年 08 月 31 日　　　　付款期限 2017 年 08 月 31 日

付款人	全　　称	方羽有限责任公司	收款人	全　　称	西安市供电局
	账　　号	61001970041052222863		账　　号	1102029988887765432
	开户银行	中国建设银行西安莲湖路支行		开户银行	中国工商银行西安市兴庆路支行

托收金额人民币（大写）肆万肆仟伍佰肆拾柒元柒角伍分	千	百	十	万	千	百	十	元	角	分
			¥	4	4	5	4	7	7	5

款项名称	应付电费	委托收款凭据名称	发票	附寄单证张数	2 张

（中国建设银行西安莲湖路支行 2017年8月31日 受理凭证专用章）

备注：

付款人注意：
1. 根据结算办法规定办理委托收款，在付款期限内未拒付时，将视同同意付款。
2. 如需提前付款或多付款时，应另写书面通知送银行办理。
3. 如系全部拒付或部分拒付，应在付款期限内另填拒付款理由书送银行办理。

电费计算表

2015 年 08 月 31 日

受益部门		耗用量（千瓦/时）	单价	金额
车间	315 型变频电机用电	10 000	1.05	10 500
	316 型变频电机用电	19 500	1.05	20 475
	照明用电	4 875	0.8	3 900
管理部门		3 000	0.8	2 400
销售部门		1 000	0.8	800
合计				38 075

复核：陈平　　　　　　　　　　　　　　　　制表：张文

40. 8 月 31 日，分配结转制造费用，分配标准为生产工人工资。

制造费用分配表

2017 年 08 月 31 日

产品	生产工人工资	分费率	分配额
315 型变频电机			
316 型变频电机			
合计			

复核：陈平　　　　　　　　　　　　　　　　制表：张文

41. 8 月 31 日，计算并结转本月完工产品成本（本月两种产品均全部完工）。

产品成本计算单

产品名称：315 型变频电机　　　　2017 年 08 月 31 日

项目		产量	直接材料（含生产用电）	直接人工	制造费用	合计
期初在产品成本		0				
本月生产费用		10				
合计						
本月完工产品	总成本	10				
	单位成本					
期末在产品	分配费用	0				

复核：陈平　　　　制表：张文

产品成本计算单

产品名称：316 型变频电机　　　　2017 年 08 月 31 日

项目		产量	直接材料（含生产用电）	直接人工	制造费用	合计
期初在产品成本		15	558 595	70 000	41 350	669 945
本月生产费用		5				
合计						
本月完工产品	总成本	20				
	单位成本					
期末在产品	分配费用	0				

复核：陈平　　　　制表：张文

产品入库单

交库部门：生产车间　　　　2017 年 08 月 31 日　　　　仓库：产成品仓库

入库事由：完工入库

产品名称	规格型号	单位	数量	单位成本	金额	交货人
变频电机	315 型	台	10			何统
变频电机	316 型	台	20			何统

质量检验员：梁朔　　　　入库验收：肖斌　　　　仓库保管：肖斌

42. 8 月 31 日，销售产品。

陕西省增值税专用发票

（印章：全国统一发票监制章 陕西 国家税务局监制）记账联

61000467896　　　　No. 103278201

开票日期：2017年08月31日

购货单位	名　称：盛达机电设备有限公司 纳税人识别号：610305169439383 地 址 、电 话：西安市未央路136号 029－88330657 开户行及账号：中国工商银行西安分行城北支行 6102604804524597423				密码区	03>8>/+32+</44/*649－－5>－4059 72－3/+－32+5+6/+9*6<3<56/2/51 38+0393－<－7>771*9/－<87<79+91 /**>/7/4*501*－6019－76/2<8925		
货物或应税劳务的名称	规格型号	单位	数量	单价	金额	税率	税额	
变频电机	315型	台	5	110 000	550 000.00	17%	93 500.00	
合计					￥550 000.00		￥93 500.00	
价税合计（大写）	人民币陆拾肆万叁仟伍佰元整					（小写）￥643 500.00		
销货单位	名　称：方羽有限责任公司 纳税人识别号：610200388666666 地 址 、电 话：西安市莲湖路379号 029－87336264 开户行及账号：中国建设银行西安莲湖路支行 6100197004105222863				备注	（印章：方羽有限责任公司 610200388666666 发票专用章）		

收款人：　　　复核：张文　　　开票人：王琳　　　销货单位（章）：

第一联　记账联　销货方记账凭证

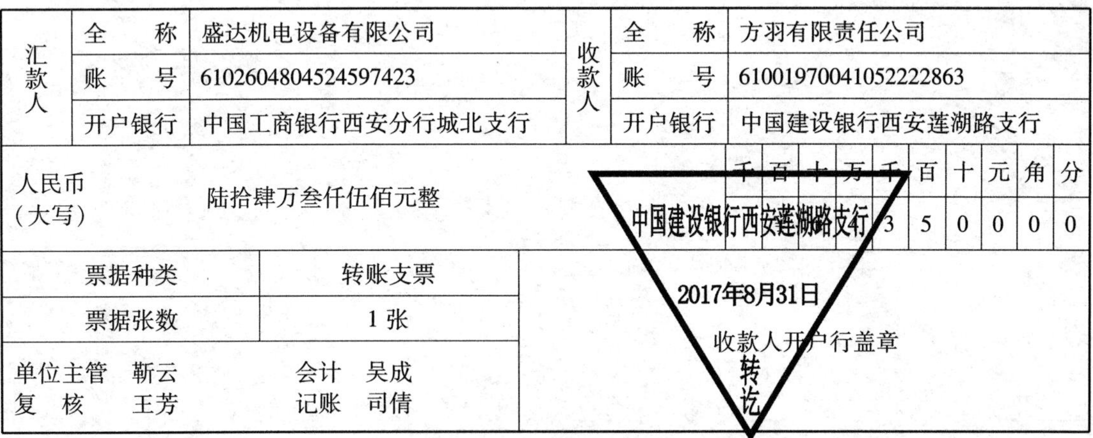

中国建设银行进账单（收账通知）

2017年08月31日　　　　No. 3980

汇款人	全　称	盛达机电设备有限公司	收款人	全　称	方羽有限责任公司
	账　号	6102604804524597423		账　号	6100197004105222863
	开户银行	中国工商银行西安分行城北支行		开户银行	中国建设银行西安莲湖路支行
人民币（大写）	陆拾肆万叁仟伍佰元整			千百十万千百十元角分	￥643 500 0 0（3 5 0 0 0 0 visible）
票据种类	转账支票				
票据张数	1张				
单位主管　靳云　会计　吴成 复　核　王芳　记账　司倩					

（印章：中国建设银行西安莲湖路支行 2017年8月31日 转讫）收款人开户行盖章

43. 8月31日，销售产品。

陕西省增值税专用发票

61000467897　　全国统一发票监制章 陕西 国家税务局监制　记账联　　No. 103278202

开票日期：2017年08月31日

<table>
<tr><td rowspan="4">购货单位</td><td colspan="4">名　　称：白云液压机械厂
纳税人识别号：440101890468472
地 址 、电 话：广州市白云区蚌湖白象岭白源工业园　020－86039036
开户行及账号：中国建设银行广州市白云区支行 62254328055658732681</td><td>密码区</td><td colspan="3">03 >8 >/+32 +</44/∗649 – –5 >-4059
72 -3/+ -32 +5 +6/ +9 ∗6 <3 <56/2/51
38 +0393 -< -7 >771 ∗9/- <87 <79 +91
/∗∗ >/7/4 ∗501 ∗-6019 -76/2 <8925</td></tr>
</table>

货物或应税劳务的名称	规格型号	单位	数量	单价	金额	税率	税额
变频电机	316 型	台	10	110 000	1 100 000.00	17%	187 000.00
合计					¥1 100 000.00		¥187 000.00
价税合计（大写）	人民币壹佰贰拾捌万柒仟元整				（小写）¥1 287 000.00		

销货单位	名　　称：方羽有限责任公司 纳税人识别号：610200388666666 地 址 、电 话：西安市莲湖路379号 029－87336264 开户行及账号：中国建设银行西安莲湖路支行 61001970041052222863	备注	方羽有限责任公司 610200388666666 发票专用章

收款人：　　复核：张文　　开票人：王琳　　销货单位（章）：

第一联　记账联　销货方记账凭证

44. 8月31日，销售多余材料。

陕西省增值税专用发票

61000467898　　全国统一发票监制章 陕西 国家税务局监制　记账联　　No. 103278203

开票日期：2017年08月31日

<table>
<tr><td>购货单位</td><td>名　　称：凯迪机电有限公司
纳税人识别号：610305169439383
地 址 、电 话：山西太原西矿街5号 0351－88330657
开户行及账号：中国建设银行太原市西矿街支行 42001868608053267579</td><td>密码区</td><td>03 >8 >/+32 +</44/∗649 – –5 >-4059
72 -3/+ -32 +5 +6/ +9 ∗6 <3 <56/2/51
38 +0393 -< -7 >771 ∗9/- <87 <79 +91
/∗∗ >/7/4 ∗501 ∗-6019 -76/2 <8925</td></tr>
</table>

货物或应税劳务的名称	规格型号	单位	数量	单价	金额	税率	税额
定转子冲片		片	5 000	12	60 000.00	17%	10 200.00
合计					¥60 000.00		¥10 200.00
价税合计（大写）	人民币柒万零贰佰元整				（小写）¥70 200.00		

销货单位	名　　称：方羽有限责任公司 纳税人识别号：610200388666666 地 址 、电 话：西安市莲湖路379号 029－87336264 开户行及账号：中国建设银行西安莲湖路支行 61001970041052222863	备注	方羽有限责任公司 610200388666666 发票专用章

收款人：　　复核：张文　　开票人：王琳　　销货单位（章）：

第一联　记账联　销货方记账凭证

中国建设银行进账单（收账通知）

2017 年 08 月 31 日　　　　No. 3981

汇款人	全　　称	凯迪机电有限公司	收款人	全　　称	方羽有限责任公司
	账　　号	42001868608053267579		账　　号	61001970041052222863
	开户银行	中国建设银行太原市西矿街支行		开户银行	中国建设银行西安莲湖路支行

人民币（大写）	柒万零贰佰元整	千	百	十	万	千	百	十	元	角	分
		[illegible]	[illegible]	[illegible]	[illegible]	[illegible]	2	0	0	0	0

票据种类	转账支票	中国建设银行西安莲湖路支行 2017年8月31日 转讫 收款人开户行盖章
票据张数	1 张	
单位主管　靳云　　会计　吴成 复核　王芳　　记账　司倩		

45. 8 月 31 日，结转已销产品成本（先进先出法）。

产品出库单

2017 年 08 月 31 日

领货部门	事由	品名	型号	计量单位	数量	单位成本	总成本	经手人
销售部	销售	变频电机	315 型	台	18			梁朔
			315 型	台	2			梁朔
合计					20			

产品出库单

2017 年 08 月 31 日

领货部门	事由	品名	型号	计量单位	数量	单位成本	总成本	经手人
销售部	销售	变频电机	316 型	台	15			梁朔

46. 8 月 31 日，结转已销材料成本。

领　料　单

2017 年 08 月 31 日

领料单位：销售部

用途：销售　　　　发料仓库：1 号仓库

品名	单位	数量		单位成本	领料成本	领料人
		请领	实领			
定转子冲片	片	5 000	5 000	10.95		于博

车间审批：郭远航　　　　保管员：王江

47. 8 月 31 日，计算本月税费。

税费计算表

2017 年 08 月 31 日　　　　单位：元

税（费）种	计税基数	税（费）率	税（费）额
城市维护建设税			
教育费附加			
地方教育费附加			
合计			

复核：陈平　　　　制表：张文

48. 8 月 31 日，支付广告费。

陕西省增值税专用发票

6117245136　　　　全国统一发票监制章 陕西 发票联 国家税务局监制　　　　No. 51003923758

校验码 64217 87718 13208 75391　　　　开票日期：2017 年 08 月 31 日

购货单位	名　　称：方羽有限责任公司 纳税人识别号：610200388666666 地 址 、电 话：西安市莲湖路 379 号 029－87336264 开户行及账号：中国建设银行西安莲湖路支行 61001970041052222863	密码区	03＞8＞/＋32＋＜/44/＊649－－5＞－4059 72－3/＋－32＋5＋6/＋9＊6＜3＜56/2/51 38＋0393－＜－7＞771＊9/－＜87＜79＋91 /＊＊＞/7/4＊501＊－6019－76/2＜8925

货物或应税劳务的名称	规格型号	单位	数量	单价	金额	税率	税额
广告费					6 000.00	6%	360.00
合计					¥6 000.00		¥360.00
价税合计（大写）	人民币陆仟叁佰陆拾元整					（小写）	¥6 360.00

销货单位	名　　称：西安市集美广告公司 纳税人识别号：610103220708051 地 址 、电 话：西安市碑林区雁塔路中段 5 号 029－88442093 开户行及账号：中国工商银行区西安市碑林区支行 6222022610007632563	备注	西安市集美广告公司 610103220708051 发票专用章

收款人：　　　　复核：姚艺　　　　开票人：江艳　　　　销货单位（章）：

第三联 发票联 购买方记账凭证

陕西省增值税专用发票

6117245136　　　　全国统一发票监制章 陕西 抵扣联 国家税务局监制　　　　No. 51003923758

校验码 64217 87718 13208 75391　　　　开票日期：2017 年 08 月 31 日

购货单位	名　　称：方羽有限责任公司 纳税人识别号：610200388666666 地 址 、电 话：西安市莲湖路 379 号 029－87336264 开户行及账号：中国建设银行西安莲湖路支行 61001970041052222863	密码区	03＞8＞/＋32＋＜/44/＊649－－5＞－4059 72－3/＋－32＋5＋6/＋9＊6＜3＜56/2/51 38＋0393－＜－7＞771＊9/－＜87＜79＋91 /＊＊＞/7/4＊501＊－6019－76/2＜8925

货物或应税劳务的名称	规格型号	单位	数量	单价	金额	税率	税额
广告费					6 000.00	6%	360.00
合计					¥6 000.00		¥360.00
价税合计（大写）	人民币陆仟叁佰陆拾元整					（小写）	¥6 360.00

销货单位	名　　称：西安市集美广告公司 纳税人识别号：610103220708051 地 址 、电 话：西安市碑林区雁塔路中段 5 号 029－88442093 开户行及账号：中国工商银行区西安市碑林区支行 6222022610007632563	备注	西安市集美广告公司 610103220708051 发票专用章

收款人：　　　　复核：姚艺　　　　开票人：江艳　　　　销货单位（章）：

第二联 抵扣联 购买方抵扣凭证

陕西省增值税专用发票

（印章：全国统一发票监制章 陕西 国家税务局监制）发票联

6117245136　　　　No. 51003923758

校验码 64217 87718 13208 75391　　　　开票日期：2017 年 08 月 31 日

购货单位		密码区
	名　　　称：方羽有限责任公司 纳税人识别号：610200388666666 地 址 、电 话：西安市莲湖路 379 号 029 - 87336264 开户行及账号：中国建设银行西安莲湖路支行 6100197004105222863	03 >8 >/+32 + < /44/ * 649 - - 5 > - 4059 72 - 3/+ - 32 +5 +6/ +9 * 6 <3 <56/2/51 38 +0393 - < - 7 >771 * 9/- <87 <79 +91 / * * >/7/4 * 501 * - 6019 - 76/2 <8925

货物或应税劳务的名称	规格型号	单位	数量	单价	金额	税率	税额
广告费					6 000. 00	6%	360. 00
合计					¥6 000. 00		¥360. 00
价税合计（大写）	人民币陆仟叁佰陆拾元整					（小写）	¥6 360. 00

销货单位		备注
	名　　　称：西安市集美广告公司 纳税人识别号：610103220708051 地 址 、电 话：西安市碑林区雁塔路中段 5 号 029 - 88442093 开户行及账号：中国工商银行区西安市碑林区支行 6222022610007632563	（印章：西安市集美广告公司 610103220708051 发票专用章）

收款人：　　　　复核：姚艺　　　　开票人：江艳　　　　销货单位（章）：

第三联　发票联　购买方记账凭证

陕西省增值税专用发票

（印章：全国统一发票监制章 陕西 国家税务局监制）抵扣联

6117245136　　　　No. 51003923758

校验码 64217 87718 13208 75391　　　　开票日期：2017 年 08 月 31 日

购货单位		密码区
	名　　　称：方羽有限责任公司 纳税人识别号：610200388666666 地 址 、电 话：西安市莲湖路 379 号 029 - 87336264 开户行及账号：中国建设银行西安莲湖路支行 6100197004105222863	03 >8 >/+32 + < /44/ * 649 - - 5 > - 4059 72 - 3/+ - 32 +5 +6/ +9 * 6 <3 <56/2/51 38 +0393 - < - 7 >771 * 9/- <87 <79 +91 / * * >/7/4 * 501 * - 6019 - 76/2 <8925

货物或应税劳务的名称	规格型号	单位	数量	单价	金额	税率	税额
广告费					6 000. 00	6%	360. 00
合计					¥6 000. 00		¥360. 00
价税合计（大写）	人民币陆仟叁佰陆拾元整					（小写）	¥6 360. 00

销货单位		备注
	名　　　称：西安市集美广告公司 纳税人识别号：610103220708051 地 址 、电 话：西安市碑林区雁塔路中段 5 号 029 - 88442093 开户行及账号：中国工商银行区西安市碑林区支行 6222022610007632563	（印章：西安市集美广告公司 610103220708051 发票专用章）

收款人：　　　　复核：姚艺　　　　开票人：江艳　　　　销货单位（章）：

第二联　抵扣联　购买方抵扣凭证

中国建设银行电子转账凭证

2017 年 08 月 31 日　　　　No. 7363

付款人	全　称	方羽有限责任公司	收款人	全　称	西安市集美广告公司
	账　号	6100197004105222863		账　号	6222022610007632563
	开户银行	中国建设银行西安莲湖路支行		开户银行	中国工商银行区西安市碑林区支行

人民币（大写）	陆仟叁佰陆拾元整	千	百	十	万	千	百	十	元	角	分
							3	6	0	0	0

备注：广告费	付款人开户行盖章

中国建设银行西安莲湖路支行
2017年8月31日
转讫

49. 8 月 31 日，支付销售产品运费。

货物运输业增值税专用发票

全国统一发票监制章 陕西 发票联 国家税务局监制

No. 5701284528

开票日期：2017 年 08 月 31 日

承运人及纳税人识别号	陕西运达货运公司 149987000007890	密码区	03 >8 >/+32 +</44/∗649 − −5 >−4059 72 −3/+ −32 +5 +6/ +9 ∗6 <3 <56/2/51 38 +0393 −< −7 >771 ∗9/− <87 <79 +91 /∗∗ >/7/4 ∗501 ∗−6019 −76/2 <8925
实际受票方及纳税人识别号	方羽有限责任公司 610200388666666		
收货人及纳税人识别号	白云液压机械厂 440101890468472	发货人及纳税人识别号	方羽有限责任公司 610200388666666
起运地、经由、到达地	西安星火路至西安莲湖路		
费用项目及金额	费用项目 运费　金额 10 000. 00　费用项目　金额	运输货物信息	316 型变频电机

合计金额	¥10 000. 00	税率	11%	税额	1 100. 00	机器编号	7010713
价税合计（大写）	人民币壹万壹仟壹佰元整				（小写） ¥11 100. 00		

车种车号		车船吨位		备注	陕西运达货运公司 149987000007890 发票专用章
主管税务机关及代码	西安市长安区国税局 4256788				

收款人：　　　　复核：李怡　　　　开票人：王红　　　　承运人（章）：

第三联 发票联 受票方记账凭证

货物运输业增值税专用发票

（印章：全国统一发票监制章 陕西 国家税务局监制）抵扣联

No. 5701284528

开票日期：2017 年 08 月 31 日

<table>
<tr><td>承运人及纳税人识别号</td><td>陕西运达货运公司
149987000007890</td><td rowspan="2">密码区</td><td colspan="3" rowspan="2">03 >8 >/+32 +</44/∗649 − −5 > −4059
72 −3/+ −32 +5 +6/ +9 ∗6 <3 <56/2/51
38 +0393 − < −7 >771 ∗9/− <87 <79 +91
/∗∗ >/7/4 ∗501 ∗ −6019 −76/2 <8925</td></tr>
<tr><td>实际受票方及纳税人识别号</td><td>方羽有限责任公司
610200388666666</td></tr>
<tr><td>收货人及纳税人识别号</td><td>白云液压机械厂
440101890468472</td><td colspan="2">发货人及纳税人识别号</td><td colspan="2">方羽有限责任公司
610200388666666</td></tr>
<tr><td colspan="2">起运地、经由、到达地</td><td colspan="4">西安星火路至西安莲湖路</td></tr>
<tr><td>费用项目及金额</td><td colspan="2">费用项目　金额　费用项目　金额
运费　10 000. 00</td><td>运输货物信息</td><td colspan="2">316 型变频电机</td></tr>
<tr><td>合计金额</td><td>￥10 000. 00　税率　11%</td><td colspan="2">税额　1 100. 00</td><td>机器编号</td><td>7010713</td></tr>
<tr><td>价税合计（大写）</td><td colspan="5">人民币壹万壹仟壹佰元整　　（小写）￥11 100. 00</td></tr>
<tr><td>车种车号</td><td>　车船吨位</td><td rowspan="2">备注</td><td colspan="3" rowspan="2">（印章：陕西运达货运公司 149987000007890 发票专用章）</td></tr>
<tr><td>主管税务机关及代码</td><td>西安市长安区国税局 4256788</td></tr>
</table>

收款人：　　复核：李怡　　开票人：王红　　承运人（章）：

第二联　抵扣联　受票方抵扣凭证

中国建设银行电子转账凭证

2017 年 08 月 31 日　　No. 7392

<table>
<tr><td rowspan="3">付款人</td><td>全　称</td><td>方羽有限责任公司</td><td rowspan="3">收款人</td><td>全　称</td><td colspan="10">陕西运达货运公司</td></tr>
<tr><td>账　号</td><td>6100197004105222863</td><td>账　号</td><td colspan="10">6222022610007632563</td></tr>
<tr><td>开户银行</td><td>中国建设银行西安莲湖路支行</td><td>开户银行</td><td colspan="10">中国建设银行西安市长安区支行</td></tr>
<tr><td rowspan="2">人民币（大写）</td><td colspan="4" rowspan="2">壹万壹仟壹佰元整</td><td>千</td><td>百</td><td>十</td><td>万</td><td>千</td><td>百</td><td>十</td><td>元</td><td>角</td><td>分</td></tr>
<tr><td></td><td></td><td></td><td></td><td></td><td>1</td><td>0</td><td>0</td><td>0</td><td>0</td></tr>
<tr><td colspan="3">备注：运费</td><td colspan="12">付款人开户行盖章
（印章：中国建设银行西安莲湖路支行 2017年8月31日 转讫）</td></tr>
</table>

50. 8 月 31 日，捐款。

公益事业捐赠统一票据

UNIFIED INVOICE OF DONATION FOR PUBLIC WELFARE

国财　00202　　2017 年 08 月 31 日　　No. 1604601062

Y　M　D

捐赠人 Donor：方羽有限责任公司　　捐赠编号：112014000026683

捐赠项目 For purpose	实物（外币）种类 Material objects（Currency）	数量 Amount	金额 Total amount
捐赠款——希望小学建设	人民币		100 000. 00
金额合计（小写）In Figures			100 000. 00
金额合计（大写）In Words	壹拾万元整		

第二联　收据

接受单位（盖章）：　　复核人：杨琪　　开票人：赵思明

Receiver's Seal　　Verified by　　Handling Person

感谢您对公益事业的支持！Thank you for support of public welfare!

中国建设银行（陕）
转账支票存根

$\frac{A}{0}\ \frac{B}{2}$　52000130

附加信息

出票日期 2017 年 08 月 31 日 收款人：中国青少年发展基金会
金 额：￥100 000.00
用 途：捐款

单位主管：陈平　　会计：张文

51. 8 月 31 日，计算本月短期借款利息。

利息费用计算表

2017 年 08 月 31 日　　　　单位：元

计息基数	月利率	应计利息
500 000	0.5%	
300 000	0.5%	

复核：陈平　　　　制表：张文

52. 8 月 31 日，月末结转收入账户。
53. 8 月 31 日，月末结转费用账户。
54. 8 月 31 日，计算本月应纳所得税。

所得税计算表

2017 年 08 月 31 日　　　　单位：元

应纳税所得额		税率	应纳税额
本月利润总额			
税前调增项目			
税前调减项目			
应纳税所得额		25%	

复核：陈平　　　　制表：张文

55. 8 月 31 日，结转所得税费用。

登账并结账，编制试算平衡表

试算平衡表

编制单位：　　　　　　　　　　　　年　　月　　日　　　　　　　　　　　　单位：元

会计科目	期初余额		本期发生额		期末余额	
	借方	贷方	借方	贷方	借方	贷方

续表

会计科目	期初余额		本期发生额		期末余额	
	借方	贷方	借方	贷方	借方	贷方

实训项目四

编制会计报表

资产负债表

会企 01 表

编制单位：　　　　　　　　　年　　月　　日　　　　　　　　　单位：元

资产	期末余额	年初余额	负债和所有者权益	期末余额	年初余额
流动资产：			流动负债：		
货币资金			短期借款		
以公允价值计量且其变动记入当期损益的金融资产			以公允价值计量且其变动记入当期损益的金融负债		
应收票据			应付票据		
应收账款			应付账款		
预付款项			预收款项		
应收利息			应付职工薪酬		
应收股利			应交税费		
其他应收款			应付利息		
存货			应付股利		
一年内到期的非流动资产			其他应付款		
其他流动资产			一年内到期的非流动负债		
流动资产合计			其他流动负债		
非流动资产：			流动负债合计		
可供出售金融资产			非流动负债：		
持有至到期投资			长期借款		
长期应收款			应付债券		
长期股权投资			长期应付款		
投资性房地产			专项应付款		
固定资产			预计负债		
工程物资			递延所得税负债		
在建工程			其他非流动负债		
固定资产清理			非流动负债合计		
生产性生物资产			负债合计		
油气资产			所有者权益（股东权益）：		
无形资产			实收资本（股本）		
开发支出			资本公积		
商誉			减：库存股		
长期待摊费用			其他综合收益		
递延所得税资产			盈余公积		
其他非流动资产			未分配利润		
非流动资产合计			所有者权益合计		
资产总计			负债和所有者权益总计		

利润表

会企 02 表

编制单位：　　　　　　　　　　　年　　月　　　　　　　　　　单位：元

项目	本期金额	上期金额
一、营业收入		
减：营业成本		
税金及附加		
销售费用		
管理费用		
财务费用		
资产减值损失		
加：公允价值变动收益（损失以“－”号填列）		
投资收益（损失以“－”号填列）		
其中：对联营企业和合营企业的投资收益		
二、营业利润（亏损以“－”号填列）		
加：营业外收入		
其中：非流动资产处置利得		
减：营业外支出		
其中：非流动资产处置损失		
三、利润总额（亏损以“－”号填列）		
减：所得税费用		
四、净利润（亏损以“－”号填列）		
五、其他综合收益的税后净额		
（一）以后不能重分类进损益的其他综合收益		
（二）以后将重分类进损益的其他综合收益		
权益法下在被投资单位以后将重分类进损益的其他综合收益中享有的份额		
六、综合收益总额		
七、每股收益		
（一）基本每股收益		
（二）稀释每股收益		